América Latina y el Caribe:

Cooperación Transfronteriza. De Territorios de División a Espacios de Encuentro

JOSETTE ALTMANN BORBÓN
TATIANA BEIRUTE BREALEY
(EDITORAS)

América Latina y el Caribe:

Cooperación Transfronteriza. De Territorios de División a Espacios de Encuentro

teseo

CAF 40
1970 - 2010
FINANCIANDO EL DESARROLLO · AMÉRICA LATINA

FLACSO

América Latina y el Caribe: Cooperación Transfronteriza. De Territorios de División a Espacios de Encuentro / edición a cargo de Josette Altmann Borbón y Tatiana Beirute Brealey. - 1a ed. - Buenos Aires : Teseo; CAF; FLACSO, 2011.
  252 p. ; 20x13 cm. - (Relaciones internacionales)

  ISBN 978-987-1354-79-5

  1. Relaciones Internacionales. I. Altmann Borbón, Josette, ed. II. Beirute Brealey, Tatiana, ed.
  CDD 327

FLACSO

CAF 40
1970 - 2010
FINANCIANDO EL DESARROLLO • AMÉRICA LATINA

teseo

Para sugerencias o comentarios acerca del contenido de esta obra, escríbanos a: **info@editorialteseo.com**

www.editorialteseo.com

Índice

ANEXOS

Prólogo

Con la suscripción de múltiples acuerdos bilaterales y multilaterales de libre comercio, tanto en el interior de la región como con terceros países (algunos de esos acuerdos acompañan la institucionalización de recientes proyectos e iniciativas subregionales de integración, diálogo y concertación política), América Latina ha evidenciado durante la última década un especial interés por la integración regional.

Muchos de los países de la región han asumido la integración como un instrumento eficaz para ampliar el mercado regional, como plataforma de exportaciones no tradicionales de alto valor agregado y de incentivo a la conformación de cadenas regionales con participación de pequeñas y medianas empresas. Al mismo tiempo se han comprometido con la gradual adopción de una agenda multidimensional que involucra, entre otros, objetivos sociales y ambientales, gobernabilidad democrática y cooperación política, desarrollo local e integración fronteriza.

No obstante, dicha dinámica también se ha visto acompañada por una compleja convivencia entre diversas concepciones nacionales de integración regional y la proliferación de variadas iniciativas subregionales, que promueven, en algunos casos, proyectos sectoriales muy específicos, y en otros, programas coyunturales. Ello deriva en una multiplicidad e incluso superposición de agendas de integración.

América Latina debe retomar el interés por la reconstrucción de una visión estratégica compartida y de largo plazo sobre la región en su conjunto, y promover el consenso sobre qué tipo de integración adoptar en apoyo a una estrategia de desarrollo regional, dirigida a lograr niveles de crecimiento alto, sostenido y con inclusión social, y como oportunidad para mejorar su inserción internacional respondiendo conjuntamente a los desafíos comunes de la agenda global. La región debe asumir la integración como una oportunidad para proyectar con mayor solidez sus intereses en el escenario internacional, articulando estrategias y respuestas compartidas frente a los retos comunes de la globalización y a la dinámica impuesta por un nuevo orden económico y geopolítico mundial.

Una integración pragmática de América Latina debe fortalecer la visión estratégica de desarrollo regional, y promover una agenda convergente en torno a propuestas específicas de la agenda internacional, cuya viabilidad considere los tres niveles complementarios en donde se desarrolla este proceso: entre los Estados a través de los diferentes organismos y foros regionales existentes, entre sectores y agentes privados, y en los niveles subnacionales y locales particularmente a partir de la dinámica que ofrecen las regiones fronterizas.

¿Cuál es entonces el papel del desarrollo fronterizo en la profundización de una agenda pragmática de integración regional? ¿Cómo se logra desde lo local apoyar positivamente este proceso global? Espacios académicos como el que sintetizan estas memorias se convierten en aportes sustanciales para promover debate y reflexión alrededor de esta temática, en la que se ha señalado con claridad que las fronteras no son un mero capricho geográfico y menos aun un punto de diferenciación o separación. Vistas desde un contexto amplio, son la expresión más viva y más natural del encuentro, de la complementariedad, o en otras palabras, de la integración; la integración se hace o se deshace a partir de las fronteras. Por lo tanto existe una relación estrecha y complementaria entre desarrollo fronterizo e integración (integración local, integración binacional, integración regional). Sin embargo y de manera paradójica, la integración en muchas ocasiones pareciera atravesar esas fronteras sin que muchas de sus bondades y de sus oportunidades se fijen allí. En varios países de América Latina pareciera que son las regiones fronterizas las que padecen de manera contraria los procesos de integración regional; a medida que éstos avanzan hacia estadios superiores muchas fronteras ven amenazadas sus tradicionales formas económicas y sociales, quedando cada vez más debilitadas, rezagadas y desconectadas de fenómenos transnacionales y globales.

No cabe duda de que las fronteras tienen un papel primordial en la integración regional, pero para ello deben ser asumidas con una visión estratégica de la integración fronteriza que exige considerar al menos dos elementos. En primer lugar, debe ser dinámica en el tiempo; las fronteras hay que pensarlas y planificarlas coordinadamente entre dos o más países con una proyección de largo plazo, no sólo binacional sino también en el contexto latinoamericano y de la región frente al mundo. Igualmente, una visión estratégica de las fronteras debe ser integral; las fronteras tienen que asumirse simultáneamente como ejes de conectividad física entre varios países, pero a la vez como espacios productivos propios a partir de su vocación local; regiones con demandas ambientales específicas pero también con el desafío que implica el manejo de recursos naturales compartidos; con realidades particulares de desarrollo social, cultural y comunitario, así como ámbitos que necesitan ser nutridos de mecanismos de cooperación para la permanente construcción de buena vecindad y confianza mutua.

Es por ello que el gran reto que compromete a los Estados, tanto como a diversos grupos de la sociedad civil, a los actores locales, al sector privado, a la academia, a los organismos multilaterales y de cooperación internacional, es el de contribuir a esa construcción colectiva de una visión estratégica del desarrollo fronterizo como eje articulador de los procesos de integración regional.

Juan Pablo Rodríguez

Asesor de la Presidencia Ejecutiva
para la Integración de América Latina,
Corporación Andina de Fomento

Buenos Aires, noviembre de 2010

Introducción
Las fronteras: un espacio para la cooperación

Francisco Rojas Aravena[1]

La promoción y búsqueda de la integración regional requiere comprender las ventajas del trabajo conjunto, asociativo, y compartir experiencias y mejorar las comunicaciones; todo ello para lograr mejores resultados cuyo fin último sea el de sociedades con mayor bienestar humano, más cohesionadas, más desarrolladas, más incluyentes y sostenibles. Esto implica que la integración debe entenderse desde su visión más micro, es decir, tomando en cuenta a las distintas poblaciones, hasta la visión más macro entre los gobiernos y Estados.

Si se analizan algunos de los problemas que tradicionalmente han dificultado el relacionamiento amistoso y efectivo entre los distintos países, sobresalen, entre otros, los referidos a las divergencias ocasionadas por temas fronterizos, tales como la delimitación limítrofe y el derrame de conflictos de una zona a otra. Es decir, las problemáticas derivadas de las tensiones fronterizas, más que de la cooperación en este campo, han sido tradicionalmente, y aún lo son hoy, obstáculos o promotores para el avance o no de la integración regional. Es por ello que se necesita promover una visión de las fronteras que deje atrás la imagen de espacios limítrofes, zonas de diferenciación

---

[1] Secretario General de la Facultad Latinoamericana de Ciencias Sociales (FLACSO).

e incluso de ruptura y que las conciba y construya como espacios convergentes, de cooperación y relacionamiento.

Esto es más apremiante si se toma en cuenta que las fronteras de los países latinoamericanos son áreas que tienen características que las hacen particulares respecto a las regiones centrales de las naciones. En ellas los temas de exclusión, vulnerabilidad y bajas condiciones económicas y sociales se muestran aún con mayor magnitud. Se suma a ello el hecho de que la solución de sus principales problemas debe pasar por un trabajo conjunto de las zonas vecinales de los países limítrofes. Es decir, en las áreas fronterizas el tema de la cooperación es fundamental si se quiere lograr mayores niveles de desarrollo, así como un mejor sistema de seguridad frente a las amenazas trasnacionales.

La cooperación fronteriza debe abarcar varios niveles que no se reducen –aunque no debe dejar de tomarse en cuenta– a la política nacional e internacional. La institucionalidad local, y en especial, los gobiernos locales y municipales tienen un papel clave pues a fin de cuentas son quienes tienen un mejor conocimiento de los principales retos y potencialidades que tiene la zona en la que se inscriben. Otro componente central al que debe prestársele atención es el de las comunidades que habitan cada una de estas zonas, que son quienes viven directamente y experimentan a diario las altas condiciones de vulnerabilidad y precariedad.

La primera parte de este libro se dedica a analizar el tema de la cooperación y las fronteras, poniendo énfasis en la forma en que éstas han determinado en mucho las relaciones –positivas o negativas– entre los países de la región, lo cual inevitablemente afecta las posibilidades reales de integración. Para ello se presenta el análisis de cuatro experiencias fronterizas importantes.

José Luis Rhi-Sausi, Director del Centro Studi di Politica Internazionale (CeSPI) de Roma, Italia, desarrolla un análisis sobre la importancia de pensar en las fronteras desde nuevas ópticas de cooperación y no como zonas limítrofes. Un paradigma de este tipo puede contribuir a la cohesión social y territorial, a reducir tensiones y conflictos entre países, y a consolidar los procesos de integración por medio de la interacción continua y sostenida.

A pesar de su importancia, lamentablemente, el tema de la cooperación transfronteriza no ha recibido mucha atención en América Latina. Los actores más dinámicos en este ámbito, además de los gobiernos subnacionales de los territorios fronterizos, son los organismos internacionales. En particular, se destacan el Programa de Desarrollo e Integración Fronteriza (PADIF) de la Corporación Andina de Fomento (CAF) y algunos programas del Banco Interamericano de Desarrollo (BID) y de la Comisión Europea.

Para el autor, uno de los desafíos a los que se enfrenta América Latina es el desarrollo y la difusión de la cooperación en estas zonas, que signifique la alianza estratégica entre actores y territorios vecinos que permitan así reforzar los procesos de integración regional. En este documento, además, se invita a analizar el tema de la gobernabilidad como uno de los ejes centrales a los que debe prestársele atención en las áreas fronterizas latinoamericanas. Concluye expresando que uno de los objetivos estratégicos de estos territorios debe ser el de modificar radicalmente su tradicional colocación periférica y marginal, para convertirse en territorios que participen activamente en las nuevas trayectorias del desarrollo regional.

Respecto a algunas experiencias que muestran cómo afectan los temas fronterizos las relaciones entre los países, *Luis Maira, Profesor e Investigador del Centro de Investigación y Docencia Económicas (CIDE),* analiza el exitoso caso de la cooperación fronteriza entre Chile y Argentina. En esta frontera, particular por su extensión, pueden distinguirse tres etapas a partir de la independencia. Una primera en que Argentina y Chile nacen juntos como países; una segunda cargada de tensiones limítrofes, y una última –la actual–, que se inicia con la firma de un Tratado de Paz donde la cooperación y la amistad se establecen de forma firme y duradera. A partir de este momento, Chile y Argentina se convierten en referentes sobre casos relevantes para la diplomacia y la política exterior subnacional, gracias a la creación de los Comités de Integración, institucionalidad que no es común, ni está presente en la mayoría de los casos de política exterior subnacional en América Latina, y que ha servido para construir una agenda de integración subnacional y de integración regional.

El Profesor Maira explica cómo la experiencia de esta frontera evidencia un importante trabajo de planeación estratégica bilateral, cuyas acciones pueden servir de enseñanza para mejorar y desarrollar las relaciones fronterizas de otros países latinoamericanos. Actualmente, los Comités tienen un plan de trabajo y de acción, y funcionan en asambleas de alrededor de 500 dirigentes representativos de los gobiernos regionales, de la academia, de los dirigentes sociales y de los empresarios. Es decir, además de contar con el firme apoyo y reconocimiento de los gobiernos centrales, el hecho de que sus planes de trabajo y de acción funcionen a través de asambleas conformadas por una diversidad importante de actores, les da mayor legitimidad a nivel local y comunitario.

El autor concluye proponiendo cinco lecciones que la experiencia en las relaciones fronterizas entre Argentina y Chile pueden brindar a lo intentos de institucionalización de la cooperación y la integración transfronteriza.

La frontera entre Colombia y Venezuela ha tenido importantes problemas en términos de cooperación, debido a la dificultad que ha implicado sobrepasar tensiones antiguas y de reciente data que han impedido la efectiva construcción de confianza, necesaria para desarrollar una visión integrada de las fronteras. La *Directora Ejecutiva del Instituto Venezolano de Estudios Sociales y Políticos (INVESP), Francine Jácome*, explica que la frontera colombo-venezolana tiene una serie de especificidades que la hacen distinta a otras de la región. Se trata de una zona heterogénea; existe la presencia de la guerrilla, lo que influye sobre el tejido social, así como también en ella el narcotráfico y la delincuencia común operan con mayor intensidad (lo que particulariza aún más su situación ya que las respuestas desde los gobiernos centrales a estos fenómenos han tendido a la militarización). Por último, la zona de la Guajira se caracteriza por tener presencia de población indígena.

La autora analiza los diversos motivos que han llevado a las tensiones actuales entre ambas naciones, entre los que destaca temas de libre tránsito y las dinámicas económicas; los desafíos que implican aspectos de tipo más social, como lo son el caso de las misiones venezolanas y los desplazados; la presencia de grupos irregulares y la creciente inseguridad que se vive en las zonas fronterizas (lo cual se acrecienta con la decisión de ambos gobiernos de interrumpir los mecanismos bilaterales en seguridad y defensa); y por último, el impacto de las relaciones bilaterales y la profundización del centralismo. Existe un serio deterioro en las relaciones de cooperación formales e institucionales que ha generado que se incrementen las relaciones informales, muchas de ellas ilegales. Respecto a este deterioro la Profesora Jácome describe dos periodos distintos en las relaciones bilaterales entre Colombia y Venezuela a partir de 1999. Finalmente, destaca el impacto que a nivel regional generan estas tensiones, y concluye con algunos puntos destacados que deben tomarse en cuenta respecto a los conflictos que en esta frontera se desarrollan.

Una tercera experiencia fronteriza que se analiza en este libro es la de la frontera entre México y Guatemala. *Raúl Benítez, Investigador del Centro de Investigaciones sobre América del Norte de la Universidad Nacional Autónoma de México (UNAM)*, hace un análisis histórico de las relaciones entre estos dos países, plateando que los acercamientos de México han estado influenciados por intereses *geodiplomáticos* más que geoeconómicos. Etapas de activa relación seguidas por otras de abandono han estado determinadas en gran parte por motivos relacionados con el contexto mundial y las situaciones internas de cada país.

Asimismo, Benítez explica la forma en que, tras los atentados del 11 de septiembre, las relaciones entre ambas naciones a nivel fronterizo se *securitizan*. Se comienza a hablar de la porosidad en las fronteras y cómo ello trastoca la nueva diplomacia de seguridad, y adquieren mucha relevancia temas como el de las Maras, el narcotráfico y la creciente actividad criminal contra los migrantes, entre otros. Esto lleva a que convenios entre países como México y Estados Unidos, y México, Guatemala y Belice, promuevan el tratamiento de fronteras como límites que deben estar cerrados ante la vulnerabilidad de las numerosas amenazas que pudiesen pasar por ahí.

El autor concluye señalando que el análisis de las relaciones entre México, Guatemala y América Central permite sostener que, en comparación con las décadas de 1980 y 1990, la influencia geopolítica de México en la región en general se ha reducido. La única excepción es la que se observa en el ámbito de la seguridad, a raíz de los atentados del 11 de septiembre y por la aparición de fenómenos delincuenciales, así como por la presencia creciente del narcotráfico. En esta dimensión las relaciones son estrechas, a pesar del descenso de la intensidad en otros ámbitos.

Una última experiencia fronteriza es la de Costa Rica y Panamá. *Sergio Moya, Coordinador del Proyecto Enlace Académico Centroamericano de la Facultad Latinoamericana de Ciencias Sociales (FLACSO),* explica que a partir de la deficiente presencia del Estado y de la ausencia de políticas públicas de desarrollo integral, afrontar los desafíos que presenta esta frontera en materia de seguridad, implica una visión integral, que trasciende la mera responsabilidad de los cuerpos de seguridad y la dotación de medios adecuados para desarrollar sus tareas. El enfoque holístico de la seguridad humana podría ser un perspectiva útil que permita a las autoridades nacionales y locales diseñar un nuevo marco analítico de los problemas de la frontera sur costarricense.

El autor analiza los desafíos que en esa frontera se viven respecto a temas relacionados con el crimen organizado como el narcotráfico y la trata de personas. En este contexto, plantea que la tradicional consideración del tema de la seguridad como algo que compete estrictamente a las autoridades centrales y al Ministerio de Seguridad, ha impedido que desde los gobiernos locales, éste tema se asuma como una responsabilidad directa; y esboza algunas propuestas que se pueden plantear para hacer frente al problema del crimen organizado.

Al análisis de las cuatro experiencias de fronteras presentadas en este libro se suma el estudio de experiencias exitosas fuera de la región, y cómo éstas pueden servir de guía para la aplicación de algunos puntos generales respecto a cómo desarrollar la cooperación transfronteriza. Una región que ha logrado importantes avances en términos de este tipo de cooperación y en el desarrollo fronterizo ha sido Europa. *Carlos Torres, Gerente de Proyectos de la Fundación para la Paz y la Democracia (FUNPADEM),* analiza la experiencia de la Asociación de Regiones Fronterizas de Europa (ARFE), organización líder en el tema de cooperación transfronteriza, así como algunos planteamientos conceptuales sobre lo "transfronterizo" que se han trazado en ese continente. Partiendo de las lecciones que permite aprender esta experiencia, el autor analiza la situación actual de las fronteras en América Central, para luego poner en perspectiva algunos temas de agenda pendientes para las regiones fronterizas del Istmo, que se derivan de lo que él denomina una tríada de problemas estructurales: bajos niveles de desarrollo humano, un abandono generalizado de los gobiernos centrales y una carencia de capacidad local para poder desarrollar diferentes planes o estrategias que puedan mejorar las condiciones de vida de los pobladores.

El importante análisis de estas tres experiencias fronterizas lleva a comprender que un elemento básico para lograr una efectiva cooperación fronteriza es alejarse de las visiones tradicionales de límites, y fomentar la construcción de mecanismos de confianza que abarquen tanto el nivel estatal (central y subnacional) como también el nivel comunitario de las poblaciones que habitan en estas zonas. Esto le da mayor legitimidad y fortaleza a la cooperación, lo que lleva a que los mecanismos de cooperación bilateral que se desplieguen no sean tan vulnerables a las tensiones y conflictos que se desarrollan a nivel de los gobiernos centrales.

Un efectivo proceso de integración binacional y regional requiere de la construcción de una visión estratégica del desarrollo de las fronteras, y esto pasa necesariamente por la atención especial al fortalecimiento de las capacidades locales, tanto de gobiernos locales como de la sociedad civil. En el desarrollo y la cooperación fronteriza es fundamental robustecer la institucionalidad que consolide, coordine y promueva las relaciones y la cooperación regional en ambos lados de una frontera. Este fortalecimiento es necesario para poder combatir y buscar soluciones a las problemáticas a las que se enfrentan los territorios de las fronteras, desde una perspectiva que, al ser local, significaría una visión más informada sobre las necesidades y desafíos a los que se enfrentan estas zonas

La atención al desarrollo de las potencialidades de los gobiernos locales tiene un sentido particular en el caso de los espacios fronterizos, por la alta vulnerabilidad de éstos y por el hecho de que tradicionalmente su desarrollo no ha sido pensado más allá de una "zona de paso". Asimismo, sumado a las problemáticas a las que deben enfrentarse –debido a que normalmente se trata de zonas de muy bajo desarrollo y con importantes problemáticas sociales–, hay que tomar en cuenta el desafío adicional de que, al tratarse de dos países diferentes, puede haber jurisdicciones, visiones de desarrollo y prioridades diversas, complejizando las tareas y evidenciando aun más la necesidad de que se desplieguen efectivamente mecanismos de cooperación intermunicipal transfronteriza.

La *Directora Ejecutiva de la Fundación para el Desarrollo Local y el Fortalecimiento Municipal e Institucional de Centroamérica y el Caribe (Fundación DEMUCA), Mercedes Peñas*, analiza la importancia de promover una política de cooperación y de colaboración interterritorial y fronteriza que genere una mayor decisión y acción por parte de las autoridades locales y nacionales en la búsqueda de soluciones a los problemas que se generan en las zonas fronterizas, desde una perspectiva local, que surja de las particularidades de cada territorio y que pretenda reducir los grandes desequilibrios periféricos en aspectos económicos, contrarrestando la tendencia centralizadora en la generación de polos de desarrollo en unos puntos determinados de cada país.

La autora explica que en América Central se han desarrollado en los últimos años importantes experiencias de cooperación intermunicipal, y que es de suma importancia promover el intercambio de acciones en este ámbito para que de esta forma puedan vincularse y complementarse con los esfuerzos realizados por las instituciones regionales. Esto llevó a que, en junio de 2009, se realizara un Encuentro Regional sobre Territorios, Integración y Cooperación Intermunicipal Transfronteriza, del que resultaron importantes aportes para responder a interrogantes como los siguientes: ¿cuál es el papel de los territorios y de los gobiernos locales en todo este proceso de integración y desarrollo de la región? ¿Cómo abordar la situación de los municipios fronterizos en este marco de integración? ¿Cuál es y cuál puede ser el papel de los municipios, de las mancomunidades y de las asociaciones nacionales para impulsar las fortalezas de estos territorios, desde la gestión local y más allá de las fronteras?

Entrando más de lleno en experiencias de cooperación intermunicipal transfronteriza, puede señalarse que uno de los casos más desarrollados y consolidados en esta materia en América Central es el de la Mancomunidad Trinacional Fronteriza Río Lempa, experiencia que se enmarca dentro de un proceso de integración impulsado por la Comisión Trinacional del Plan Trifinio (entre Guatemala, Honduras y El Salvador) desde hace más de dos décadas. *Miriam Hirezi, Directora Ejecutiva Nacional del Plan Trifinio por El Salvador,* analiza la forma en que esta mancomunidad se creó con el objetivo de impulsar el desarrollo integral sostenible de los municipios que la integran, a través de la formulación y ejecución de políticas públicas, planes, programas y proyectos municipales e intermunicipales y subregionales mediante el esfuerzo propio mancomunado, y con el apoyo técnico y económico de los gobiernos centrales, organismos internacionales e instituciones no gubernamentales.

La autora plantea algunas lecciones aprendidas del proceso de creación, consolidación y desarrollo fronterizo de esta zona, que pueden ser tomadas en cuenta para otros intentos de desarrollo fronterizo mancomunado, como el hecho de que la mancomunidad es influida en cierta medida por la rotación de autoridades locales, lo cual obliga a que desde que se desarrollan las campañas políticas se haga un trabajo de inducción a los nuevos candidatos a ocupar puestos de alcalde. Además, se ha comprendido que es sumamente importante fortalecer el tema de cohesión social a fin de fomentar el proceso de integración transfronteriza, así como preparar a nuevos líderes para el trabajo futuro de la mancomunidad. Por otro lado, la construcción de una agenda compartida entre actores involucrados ha sido un proceso que ha dejado un gran aprendizaje en el camino de alcanzar consensos trinacionales. Por último, es necesario identificar claramente los problemas de interés común de los territorios, a fin de que todos comprendan la importancia de integrarse para resolverlos.

Centroamérica no es la única subregión latinoamericana que muestra avances importantes en materia de cooperación fronteriza. *Hernando Arciniegas, de Análisis y Programación Sectorial de la Vicepresidencia de Infraestructura de la Corporación Andina de Fomento (CAF)*, analiza algunos ejemplos que intentan reflejar lo que está ocurriendo en América del Sur en diferentes escalas, y donde se expresa la cooperación en los espacios fronterizos con la presencia de diferentes organismos nacionales, regionales o locales, según las características y actividades involucradas, partiendo de la premisa de que la integración fronteriza debe enfatizar el desarrollo social y humano de las poblaciones en las fronteras, las que a su vez pueden representar un factor de unión física y humana.

El autor analiza experiencias de cooperación fronteriza entre Ecuador y Perú, el Plan Integral de desechos sólidos entre Ipiales, Colombia y Tulcán, Ecuador; la Autoridad Binacional Autónoma del Sistema Hídrico del Lago Titicaca, Río Desaguadero, Lago Poopó y Salar de Coipasa; el Centro Unificado de Frontera (CUF) Santo Tomé, Argentina y Sao Borja, Brasil; así como algunos proyectos exitosos en la

frontera entre Brasil y Uruguay. Estos ejemplos exitosos
lo llevan a concluir que la frontera representa un espacio
geográfico con potencialidades para la consolidación del
proceso de integración en América del Sur. En una integración basada en la frontera, las relaciones entre países vecinos
persiguen no sólo fines económicos sino también sociales,
culturales y políticos. Termina planteando que una vez que
las fronteras sean de interés nacional, como el espacio donde
interactúan los Estados y se articulan dos sociedades, ellas
se incorporan al territorio nacional y regional.

Una última experiencia de análisis que se presenta en
esta publicación es la cooperación municipal fronteriza entre México y los Estados Unidos. *Carlos Camacho, Director
de la Escuela de Relaciones Internacionales de la Universidad
Anahuac Norte de México,* analiza cómo, a pesar de tratarse
de un caso particular por la alta interdependencia de los
condados norteamericanos y los municipios mexicanos
del Norte, acrecentada con el Tratado de Libre Comercio
de América del Norte y con el importante flujo migratorio
de la población mexicana hacia los Estados Unidos, la interrelación en la práctica muestra que hasta el momento, a
nivel municipal y aun estatal, no se ha sobrepasado la etapa
de la buena voluntad y del acuerdo político, con manifestaciones que no llegan al terreno práctico. A pesar de que
a través de los años la cantidad de temas de cooperación
considerados se ha ampliado, incorporando temáticas
novedosas como el desarrollo y promoción de la costa y
los puertos, en todos los casos sólo se tratan de acuerdos
marco que no definen objetivos ni futuras políticas públicas.

Para el autor, el fenómeno de la cooperación entre
municipios pertenecientes a Estados distintos no es una
formula novedosa, producto de la interdependencia en
tiempos globalizados, buscando nuevos esquemas de cooperación. Señala que más allá de los íconos folklóricos
la cooperación intermunicipal mueve las mentalidades

y construye nuevas identidades. A través del dialogo, los municipios y las regiones dan la vuelta a los antagonismos entre los Estados y movilizan las buenas voluntades. Como en los años 1950, en el México de hoy se sigue pensando que alentar la cooperación descentralizada significa corroer el monopolio del Estado en materia de política exterior. Más simplemente, significa construir puentes armados con una lógica diferente a la lógica de Estado, para afrontar problemas sencillos que acontecen en lo cotidiano por voluntades afectadas en primera persona. Finaliza expresando que la cooperación descentralizada demuestra en la actualidad, más que nunca, que la interdependencia empieza en casa.

Los análisis presentados en esta segunda sección del libro muestran que la cooperación fronteriza es fundamental en todas sus dimensiones. Sin embargo, la promovida o acompañada por la institucionalidad local es fundamental, pues es la que experimenta diariamente la realidad, las tensiones y las potencialidades de la zona. Asimismo, si bien es cierto, la experiencia de cada una de las fronteras es muy diversa, lo que significa que no debe pasarse por alto el hecho de que las políticas que se busquen impulsar, así como las formas de cooperación elegidas, deben ser sensibles a la realidad concreta de estos territorios, de sus poblaciones, de su forma de relacionamiento y de su institucionalidad; el compartir y aprender de experiencias exitosas o muy desafiantes en materia de cooperación intermunicipal transfronteriza, en un contexto como el latinoamericano donde las acciones son numerosas, es un instrumento de mucha utilidad para el mejor y más efectivo desarrollo de nuevas experiencias y de consolidación de las ya iniciadas.

A manera de conclusión, puede señalarse que la cooperación transfronteriza debe ser parte de la columna vertebral de las acciones que fomenten la integración regional. Si no dejamos atrás la visión tradicional de las fronteras como espacios amenazantes, vulnerables y conflictivos, y promovemos firmemente la visión de las fronteras como espacios de encuentro que fomenten la integración regional y subnacional, esta tarea se vuelve muy difícil y compleja con resultados negativos para todos los actores.

La relación entre cooperación fronteriza e integración regional va en ambas direcciones. Es necesaria la construcción de confianza y el trabajo complementario e integrado en las fronteras para lograr una integración regional más efectiva. Los mecanismos de integración regional sirven como instrumentos, deben abrir los espacios necesarios, para el diálogo de los diversos actores protagonistas del desarrollo de las fronteras. El tema fronterizo es parte importante de las agendas de los mecanismos regionales y subregionales y debe insertarse en sus ejes, debates y resoluciones.

Todo esto implica que el proceso de construcción de un proyecto político estratégico de integración regional latinoamericana debe incluir entre sus puntos el fomento, el impulso y la construcción de una visión estratégica del desarrollo y la cooperación fronteriza, como forma de consolidar la democracia y la paz.

Expreso el agradecimiento de la Facultad Latinoamericana de Ciencias Sociales (FLACSO) a la Corporación Andina de Fomento (CAF), por su auspicio y apoyo a este trabajo de análisis y propuestas sobre cooperación y asociación fronteriza. En su mayoría, son el resultado de las presentaciones y debates que se realizaron en el ciclo de mesas desarrollado conjuntamente con la CAF, en el marco del II Congreso Latinoamericano y Caribeño de Ciencias Sociales, organizado por la Facultad Latinoamericana de Ciencias Sociales y celebrado los días 26, 27 y 28 de mayo de 2010 en Ciudad de México. De igual forma, agradezco al conjunto de las autoras y los autores que contribuyeron a la conformación de este libro.

PRIMERA PARTE

EL TEMA DE LAS FRONTERAS EN AMÉRICA LATINA

GOBERNABILIDAD, CONVIVENCIA DEMOCRÁTICA Y FRONTERAS

José Luis Rhi-Sausi[2]

El desarrollo y la difusión de la cooperación transfronteriza, entendida como la alianza estratégica de los actores y territorios contiguos para reforzar los procesos de integración regional, se ha convertido para América Latina en un desafío de gran relevancia.

Históricamente, las fronteras latinoamericanas, entendidas como los límites internacionales existentes entre los Estados, dieron lugar a una serie de conflictos que redundaron en la construcción de 36 fronteras con una longitud de más de 40.000 kilómetros. El establecimiento de dichos límites internacionales no ha cesado a lo largo de la "vida independiente" de los países latinoamericanos, restando aún la definición de varios de ellos, mientras se transita el "bicentenario" y se lucha por profundizar los varios procesos de integración subregional que han surgido desde los años 1960 en adelante.

El devenir histórico ha puesto de manifiesto el peso territorial de la frontera con sus consecuencias económicas, sociales, ambientales, culturales, políticas y de seguridad. De ser percibidas como el fin de los Estados, como el límite lejano, *fronteras de nadie* y muchas veces despobladas, se

---

[2]   Director del Centro Studi di Politica Internazionale (CeSPI) de Roma, Italia. Sobre este tema dirige el Proyecto de la Cooperación Italiana "Fronteras Abiertas. Red Interregional para la Cooperación transfronteriza y la Integración Latinoamericana", ejecutado por el Instituto Italo-latinoamericano (IILA) y el CeSPI.

ha pasado a concebirlas como áreas estratégicas ideales para la experimentación social de la integración regional, en donde la cercanía, la contigüidad y el diálogo se sintetizan en intensas relaciones transfronterizas.

Las fronteras son espacios interestatales en donde se condensan las relaciones entre las poblaciones locales y el accionar de los diferentes niveles del Estado. Esta concepción permite diferenciar entre *límites* o *líneas* y *áreas de frontera*. En tanto la línea fronteriza continúa siendo competencia exclusiva de los gobiernos nacionales, en las áreas fronterizas, las competencias son compartidas con los gobiernos subnacionales (regionales y locales). Esta condición institucional no exceptúa el conflicto entre competencias ni el surgimiento de las denominadas "lagunas competenciales".

En todo caso, actores fundamentales de la cooperación transfronteriza son los gobiernos subnacionales de las áreas fronterizas y las instituciones de los procesos de integración regional en curso, toda vez que se busca identificar los elementos claves para potenciar la gobernabilidad y la convivencia democrática en dichos territorios.

Las hipótesis de conflicto que promovieron las dictaduras militares de la década de 1970 –esto es, la construcción de *fronteras armadas*– han dado espacio en el presente a un contexto de integración regional, en el que las relaciones fronterizas se pretenden como zonas de desarrollo, bienestar y paz. Con el cuadro integracionista no desaparecen las tensiones y los conflictos, pero sí modifican su naturaleza. Las tensiones comerciales, ambientales y de seguridad democrática tienden a substituir las tensiones provocadas por las doctrinas de seguridad nacional.

El paradigma del presente busca contribuir a la cohesión social y territorial, reducir tensiones y conflictos entre países, y consolidar los procesos de integración por medio de la interacción continua y sostenida.

Las relaciones fronterizas en América Latina manifiestan diferentes formas y perfiles en función del grado de permeabilidad de los límites nacionales, del peso de la políticas nacional e internacional, de los acuerdos interestatales e interjurisdiccionales y de las iniciativas regionales de conectividad que apoyan, promuevan o limitan la cooperación y la integración fronteriza.

Cada escenario fronterizo es único por naturaleza, como únicas son las fronteras que lo conforman; sin desmedro de ello suele ser posible identificar una serie de características que dan lugar a la construcción de una tipología de actuación para el espacio fronterizo. La cooperación transfronteriza, en efecto, ofrece a las regiones y municipios colindantes la alternativa de "acercar cada sector territorial de los pueblos segmentados geopolíticamente; posibilita a estos pueblos, en parte, paliar los efectos de la división artificial que han sufrido y permite la intensificación de lazos en diversos planos entre los distintos sectores territoriales, así como potenciar las redes de diversa índole."[3]

Durante los últimos años se ha asistido a cambios profundos en el terreno de la política nacional y de las políticas públicas locales, sobre la base de las modificaciones generadas en el contexto global. En este marco, todo parecería indicar que la conformación de redes participativas genera una suerte de gobernabilidad reticular favorecedora de la innovación democrática sustentada en la descentralización, la subsidiariedad y la autonomía municipal en pos de la activación del capital social local.

"*Governance is about managing networks*,"[4] y los gobiernos locales y regionales se proponen como los nudos

[3]   Fernández Majón, D. (2005), "El papel de las regiones en la dinámica fronteriza en Europa", en *Revista CIDOB d'Afers Internacionals*, núm. 69, Barcelona, CIDOB, p. 70.

[4]   Rhodes, R. (1997), *Understanding governance*, Londres, Open University Press. p. 52.

de estas redes con el objetivo de fortalecer la densidad relacional de las zonas fronterizas, toda vez que se generan las condiciones que minimizan los riesgos de la propia interacción, se explora la creación de escenarios de cooperación y se diseñan los mecanismos e instrumentos de regulación que disminuyen la incertidumbre y el conflicto, y acrecientan la confianza mutua.

Este enfoque "desde abajo" de los procesos de integración regional cuenta con muchos elementos que han emergido en el proceso endógeno de la integración latinoamericana en la última década. Basta pensar los procesos de conectividad e integración física, en particular el programa IIRSA (Iniciativa para la Integración de la Infraestructura Regional Suramericana), los numerosos acuerdos intergubernamentales y proyectos operativos a cargo de agencias públicas y actores no estatales. Asimismo, se observa una mayor participación en estos procesos de los gobiernos subnacionales, a menudo en alianza con los organismos multilaterales de la cooperación internacional.

Es significativo que la nueva orientación de la Comisión Europea que ha surgido de la Cumbre Euro-Latinoamericana de Madrid, decline su vocación a favorecer la integración latinoamericana mediante una fuerte apertura hacia los actores no estatales: mundo económico privado, instituciones subnacionales, organizaciones de la sociedad civil, a los cuales se les atribuye un papel relevante en los procesos de integración.

La cooperación transfronteriza hace posible operativamente conciliar los dos criterios fundamentales que han impulsado la integración latinoamericana en las últimas décadas. Por un lado, el *criterio geoeconómico* que ha servido de guía a la integración física del subcontinente. Por el otro, el *criterio geopolítico* que ha guiado los procesos de integración y concertación política regional. Ciertamente no se trata de criterios incompatibles, por el contrario, su grado de interacción e interdependencia es notable. Sin embargo, su compatibilidad no se traduce automáticamente en una instrumentación operativa para promover la integración y la cooperación transfronteriza. Cuando la construcción o ampliación de una infraestructura de conectividad permite potenciar la movilidad de bienes y personas en un paso fronterizo, la movilidad real dependerá de diversos factores, pero la existencia de acuerdos institucionales regionales estructurados ofrece mayor fuerza y legitimidad para encontrar las soluciones necesarias. Por ejemplo, el compromiso de MERCOSUR por instituir las *aduanas integradas*[5] y las *tarjetas vecinales*[6] en los pasos fronterizos ofrece una condición fundamental para realizar acuerdos que hagan efectiva la movilidad potenciada por la integración física. En alternativa, cuando no existen mecanismos efectivos de concertación regional, los acuerdos binacionales (como el buen ejemplo que muestra la Comisión binacional entre Ecuador y Perú) constituyen la vía más frecuentada, aunque a menudo carecen de vínculos estructurales y se caracterizan por su alta volatilidad.

En América Latina están presentes ambos escenarios, así como diversas son las condiciones de las relaciones bilaterales. En algunos casos, inclusive, resultan más favorables que los mecanismos previstos por las estructuras de concertación regional, en otros las relaciones bilaterales constituyen obstáculos formidables para la integración regional.

En el proyecto Fronteras Abiertas, terreno de conciliación operativa de los criterios geoeconómicos con los criterios geopolíticos de la integración latinoamericana,

---

[5]   La aduana integrada concentra en un solo punto fronterizo las inspecciones que realizan los dos países colindantes.

[6]   La tarjeta vecinal es un *carnet* para los residentes de las áreas fronterizas que facilita su movilidad transfronteriza.

es donde la cooperación transfronteriza cobra un papel particularmente relevante. Los temas de la cooperación transfronteriza pertenecen a las relaciones internacionales de *bajo y medio perfil*. No son y no deben ser parte de la *high politics* de las políticas exteriores de los países latinoamericanos. Esta formulación ayuda a colocar con su justo *peso político* las relaciones fronterizas de los países involucrados, así como ofrece espacio al accionar protagónico de los gobiernos intermedios y locales asignándoles una importante contribución complementaria en los procesos de integración regional. Por otra parte, el ejercicio de políticas de bajo y medio perfil en este ámbito puede contribuir a mitigar el peso de las herencias históricas de conflicto y las tensiones intergubernamentales. Un enfoque de esta naturaleza aumenta la posibilidad de encontrar soluciones concretas a problemas concretos. Involucrar activamente los gobiernos locales y los actores del territorio en esta agenda puede contribuir, además, a mejorar la eficacia de las iniciativas puestas en marcha. Es importante, por lo tanto, pasar de una lógica donde todos los flujos de intercambio fronterizos se clasifican como actos relevantes para la política exterior, a una visión de espacios regionales compartidos que requieren una gestión específica en un cuadro de gobernabilidad multinivel, es decir, basadas en la participación sinérgica de los varios niveles institucionales. Pensemos, por ejemplo, tal y como sostiene una importante funcionaria de la Aduana argentina, en el impacto positivo que podría lograrse en las relaciones comerciales fronterizas si existiese una distinción entre los flujos de bienes y servicios con estatus de "comercio internacional" y la de los flujos clasificables como "comercio vecinal". Construir una agenda positiva y operativa en los territorios transfronterizos constituye una perspectiva fundamental, un enfoque de *abajo hacia arriba,* para producir un salto cualitativo en el proceso de integración latinoamericana.

La gobernabilidad es el tema central que atraviesa las áreas fronterizas latinoamericanas y, por consiguiente, uno de los ámbitos de trabajo prioritario al cual prestar atención. La cooperación transfronteriza, como modalidad de desarrollo territorial que busca evitar la duplicación de objetivos, funciones y servicios entre entidades e instituciones de ambos lados de la frontera, necesita de una combinación armónica, equilibrada y racional de políticas de gobernabilidad tanto *vertical* (con los otros niveles institucionales) como *horizontal* (con los actores del territorio). Los diferentes y variados procesos de integración en América Latina muestran una agenda todavía muy incipiente en lo que respecta a la gobernabilidad de los espacios fronterizos. Por una parte, las comunidades locales involucradas en los procesos de integración carecen –o cuentan en forma reducida– de las competencias, capacidades y medios necesarios para sostener los procesos de integración y aprovechar las ventajas de la posición estratégica que asumen en el contexto de la nueva conectividad latinoamericana. Así también, las estructuras de integración regional y los gobiernos nacionales disponen de pocos mecanismos para construir una visión estratégica de sus áreas fronterizas y sobre todo faltan instrumentos operativos para el ejercicio de la gobernabilidad territorial de frontera.

La gestión de los asuntos transfronterizos constituye una de las principales contribuciones europeas a la institucionalidad de la integración. Destacamos el papel de las ciudades y regiones europeas en esta tarea. Se pueden recordar con este propósito algunos de los principios y conceptos que guían y contribuyen al funcionamiento de la gobernabilidad multinivel en las áreas fronterizas: subsidiariedad, flexibilidad, proporcionalidad, participación ciudadana, transparencia administrativa. En particular se pueden destacar el *principio de subsidiariedad*, mediante el cual el proceso decisional recae en el nivel de gobierno más adecuado para desempeñar la función prevista; y el *principio de flexibilidad*, mediante el cual se norma la posibilidad de cambiar la programación de actividades de acuerdo a los cambios verificados en la situación de origen. La subsidiariedad y la flexibilidad adquieren especial importancia en los espacios fronterizos, en la medida que se trata de colmar numerosas lagunas en la atribución de competencias institucionales.

La cooperación transfronteriza se realiza y concretiza en programas y proyectos operativos. La gobernabilidad y los acuerdos intergubernamentales constituyen condiciones esenciales, pero el objetivo principal es el desarrollo económico, social y cultural de las áreas fronterizas. Nuestra experiencia empírica nos ha indicado algunas cuestiones al respecto. Tenemos que en América Latina se registra todavía poca atención a los proyectos de cooperación e integración transfronteriza. Los actores más dinámicos en este ámbito, además de los gobiernos subnacionales de los territorios fronterizos, son los organismos internacionales. En particular, se destacan el Programa de Desarrollo e Integración Fronteriza (PADIF) de la Corporación Andina de Fomento (CAF) y algunos programas del Banco Interamericano de Desarrollo (BID) y de la Comisión Europea. Los gobiernos latinoamericanos comienzan a promover este tipo de programas y proyectos, incentivados también por la creciente importancia de la Cooperación Sur-Sur. Este es el caso del Programa *Fronteiras do Brasil*, impulsado por SEBRAE, la agencia brasileña para la promoción de las micro y pequeñas empresas.

En síntesis, la cooperación transfronteriza se propone principalmente cumplir dos funciones. Por un lado, estimular las relaciones entre las instituciones y los actores de los territorios fronterizos para contribuir a prevenir conflictos y reducir tensiones, mediante una serie de acciones de *paradiplomacia preventiva*. Por el otro, puede contribuir a generar nuevos modelos de regionalización, tendientes a englobar los límites político-administrativos en reagrupaciones territoriales funcionales, de acuerdo a problemáticas comunes e interdependientes. En este proceso, los ejes temáticos prioritarios, identificados por nuestro trabajo de consulta, hacen referencia a la gestión sostenible de los bienes ambientales compartidos; al desarrollo de las economías locales y regionales, con particular atención a los sistemas de micro y pequeñas empresas; a los aspectos culturales e identitarios, a la seguridad democrática de los espacios fronterizos. Un objetivo estratégico de los territorios fronterizos consiste en modificar radicalmente su tradicional colocación periférica y marginal para convertirse en territorios que participan activamente en las nuevas trayectorias del desarrollo latinoamericano.

EL TEMA DE LA FRONTERAS EN AMÉRICA LATINA.
LA EXPERIENCIA DE LA FRONTERA
ENTRE ARGENTINA Y CHILE

Luis Maira[7]

Al analizar la positiva experiencia de las relaciones fronterizas entre Argentina y Chile debe comprenderse que se trata de una frontera muy especial en el contexto sudamericano. ¿Por qué? Primero porque es una de las fronteras más extensas del mundo entre dos países, y además es la frontera más larga entre los países latinoamericanos, con 5.500 kilómetros de extensión.

Si pensamos en América del Sur, hallamos un territorio que puede ser segmentado en tres secciones. La parte alta de esta subregión, que corresponde a la zona de los grandes ríos, el Amazonas y el Orinoco. Un segmento central que coincide con la zona del Trópico de Capricornio, donde la subregión sudamericana es más extensa, con una distancia de unos 4.500 kilómetros entre los dos océanos. Y el tercio final, que es lo que técnicamente podría considerarse "el Cono Sur", un espacio privativo de Argentina y Chile que se extiende al Sur de las dos capitales, Buenos Aires y Santiago, en una prolongación de unos 3.000 kilómetros de largo.

Entonces, podemos decir que Argentina y Chile comparten dos de los tres segmentos que constituyen América del Sur, y tienen una frontera vertical extremadamente prolongada y compleja. Cuando se tiene una frontera de esa envergadura y extensión, las relaciones bilaterales

---

[7] Profesor e Investigador del Centro de Investigación y Docencia Económicas, México.

adquieren una connotación especial. En el caso de las relaciones bilaterales de estas dos naciones, desde la época de la independencia hasta la actualidad se pueden distinguir tres etapas distintas.

Una primera etapa en que Argentina y Chile nacen juntos como países y tienen un Ejército Libertador encabezado por el general José de San Martín, que fue de Mendoza, Argentina, a Chile. Tras liberar Chile en la zona central, la visión lúcida de San Martín extiende –esta vez con financiamiento del Estado chileno– la tarea de ir por mar, en el Pacífico, a lograr la liberación del principal espacio del imperio colonial español en América del Sur, que formaban Lima y su Virreinato. Esa empresa común deja una huella de 30 ó 40 años de amistad.

Después se produce una maduración del Estado nacional con la consolidación de lo que Spranger llamaba los "Estados en forma", ya bien construidos y organizados constitucionalmente, con noción de su existencia. Esto, en Argentina, sólo pasa después del fin de la administración de Juan Manuel de Rosas y con la constitución de 1853. Entonces viene un segundo periodo en que el eje se coloca en el tema de los límites y se pasa de la amistad al conflicto. Y eso se extiende hasta mediados de los años 1980. En diciembre de 1978, cuando prevalecen dos brutales dictaduras de seguridad nacional en los dos países, la del general Augusto Pinochet en Chile y la del general Jorge Rafael Videla en Argentina, ambos altos mandos deciden ir a la guerra, y estando a un par de días del inicio de las hostilidades se logra una mediación del Vaticano en la que el Cardenal Antonio Samoré encabeza las negociaciones y conduce a un Tratado de Paz y Amistad en 1984.

Esto lleva a un tercer momento de las relaciones bilaterales de estos países, donde los elementos positivos de la cooperación y amistad se restablecen. La frontera debe ser concebida en función de este último reencuentro.

Esta etapa tiene algunos hitos. El propio Tratado de Amistad resuelve uno de los problemas más críticos, que era el del Canal Beagle y los problemas al sur del estrecho de Magallanes. Luego, en 1991, ya restablecida la democracia en Chile –en Argentina lo estaba desde 1983– los dos presidentes, Patricio Aylwin y Carlos Menem, hacen un acuerdo para resolver veinticuatro diferendos fronterizos que mantenían los dos países. En un plazo de siete años se logra resolver todos esos asuntos. Las más de las veces los desacuerdos no son de gran envergadura y se resuelven en forma directa, pero en dos casos hubo necesidad de otros mecanismos. En Laguna del Desierto se constituye un tribunal especial arbitral, que falla íntegramente a favor de Argentina y en contra de Chile. Luego, en la situación de Campos de Hielo Sur, hay un tratado bilateral que se suscribe y ratifica por los dos Congresos en el año 1978 en el mismo día. Y eso deja virtualmente definidos, por primera vez en forma limpia, los límites entre los dos países. A partir de ese momento comienza un momento de franco ascenso en la cooperación que se manifiesta especialmente en la actividad transfronteriza.

Desde entonces, la experiencia fronteriza entre Chile y Argentina se convierte en un caso muy relevante para afianzar la política exterior subnacional, creando una institucionalidad que no está presente en la mayoría de las experiencias de *paradiplomacia* en América Latina, que son los llamados Comités de Integración.

Inicialmente, en 1984, las dos cancillerías acuerdan constituir un organismo de coordinación pública llamado Comité de Fronteras, para facilitar la circulación de personas y bienes. Ahí deben participar los funcionarios de policía internacional, de los organismos *fito* y *zoosanitarios*, y de Aduanas, para facilitar el movimiento. Pero rápidamente las sociedades civiles y los gobiernos regionales a ambos lados van desbordando estos Comités de Frontera, y empiezan a utilizarlos para construir una agenda de integración subnacional y de cooperación regional. Entonces, los Comités originarios se van convirtiendo en algo distinto. Hoy día funcionan como asambleas regionales binacionales a las que asisten unos 500 dirigentes representativos de los gobiernos regionales, pero también del mundo académico y de las organizaciones sociales y empresariales. Asimismo, tienen un plan de trabajo y de acción extremadamente interesante. Desde 2006 se han pasado a llamar oficialmente Comisiones de Integración.

En este contexto, la frontera entre Chile y Argentina se ha convertido en un espacio donde la acción de los organismos públicos y privados de las regiones chilenas y de las provincias argentinas les ha arrebatado el carácter esencialmente burocrático a estos sitios de entendimiento, y ha acabado por convertirlos en una entidad distinta y directamente vinculada al impulso de la integración productiva, social y cultural. Estos Comités de Integración han sido reglamentados además en un Tratado de Integración llamado Tratado de Maipú, firmado por las dos presidentas, Cristina Fernández y Michelle Bachelet, en noviembre del año 2009. Así se busca dar una proyección estratégica a esta relación bilateral tan especial que ha surgido entre los dos países. Un capítulo de este Tratado precisamente está destinado a profundizar y organizar en un completo marco institucional estos organismos.

Actualmente, los siete Comités de Integración existentes son entidades muy vivas y fuertes. Cubren la totalidad de estos 5.500 kilómetros de la frontera común, es decir, abarcan superficies y espacios territoriales importantes. Muestran, naturalmente, distintos grados de eficacia en su funcionamiento. Algunos de ellos pueden ser considerados francamente avanzados y ejemplares, mientras otros están todavía en un punto germinal. Pero la idea de que hay una integración que refuerza los procesos de descentralización y reforma del Estado, que ha logrado trasladar la decisión de muchos proyectos desde los gobiernos centrales a los gobiernos regionales, es ya una idea consolidada y presenta, por lo tanto, una muy promisoria alternativa de desarrollo futuro.

Para concluir quisiera señalar algunas lecciones que la experiencia chileno-argentina puede entregar:

1. Se trata de un caso, quizás el único en la región, que tiene un grado importante de construcción institucional. Las políticas exteriores subnacionales mexicana, brasileña u otras, son experiencias fácticas pero no tienen la reglamentación y las normas que ya se han alcanzado en la situación chileno-argentina.

2. En ella se registra una modificación interior de las entidades inicialmente creadas con un carácter estrictamente estatal y para propósitos concretos de la actividad en los límites, que luego dan origen a entes público-privados de carácter territorialmente regional, incluyendo a las sociedades civiles de provincias argentinas y regiones chilenas.

3. Esta experiencia enseña que la cooperación en las fronteras está decisivamente ligada a las definiciones limítrofes. Mientras no se establecen fronteras nítidas no hay posibilidad alguna de que la gente se entienda bien a un lado y otro de ellas. Para graficar esta situación quisiera citar dos ejemplos. En víspera de la cuasi guerra de 1978, en varios puntos en que hoy día funcionan estos Comités en los pasos internacionales de la Cordillera de los Andes, efectivos militares de Argentina y de Chile dinamitaron los pasos para impedir ser invadidos por el enemigo cuando estallara la guerra. Otra experiencia parecida y muy interesante es la de Brasil y Argentina, que desarrollaron sistemas ferroviarios con trochas distintas para que no hubiese continuidad en el funcionamiento ferroviario más allá de la frontera, con el argumento de que por razones de seguridad nacional no podían aceptar que el espacio de los rieles

ferroviarios se utilizara para una eventual invasión y para la ocupación enemiga. De este modo el estado de situación de la demarcación limítrofe es enteramente decisiva para la suerte de los procesos de integración transfronteriza.

Por eso ahora, resuelto este problema, uno de los puntos programáticos más dinámicos de las tareas de integración subnacional es el impulso de la infraestructura de conectividad: caminos internacionales, proyectos ferroviarios que se vinculan con el propósito más amplio de establecer en la región sudamericana siete Corredores Bioceánicos del Atlántico al Pacífico.

4. Otro punto es que la cooperación y el desarrollo transfronterizo están muy ligados a la descentralización y los procesos de reforma del Estado que deben prever y favorecer la actividad y la complementación en proyectos productivos, en iniciativas educativas, en cooperación energética, en circuitos integrados de turismo. En todas estas áreas se aprecia una ventaja mutua en proyectos concretos cuando la integración pasa a un estado positivo, como ocurre en el caso chileno y argentino.

5. Por último, cabe señalar que estos procesos están estrechamente vinculados a la nueva manera de hacer la política exterior. En los tiempos de la Posguerra Fría y la globalización, ya no sólo existe el núcleo de la propuesta de inserción internacional que viene de los gobiernos centrales en las capitales y que manejan las cancillerías. Existen también otros dos niveles complementarios: un nivel hacia arriba, que es la construcción de regiones a través de los procesos de integración regional; y luego los procesos de actividad internacional hacia abajo, la integración subnacional, la *paradiplomacia* que permite que entidades regionales y sociedades civiles regionales, en este caso de un lado y del otro de la Cordillera de los Andes, empiecen a actuar conjuntamente, cooperativamente, más allá muchas

veces del conocimiento o de la previa autorización de los gobiernos centrales.

Los gobiernos centrales, y sobre todo las cancillerías, inicialmente son muy escépticas frente a estas tendencias, porque ven en esto un riesgo de perder prerrogativas en la conducción de la política exterior y, por lo tanto, no tienden a facilitar las normas institucionales para que los nuevos organismos funcionen. Entre Argentina y Chile, por la acción de los gobernadores argentinos –que son muy poderosos– y por una labor decidida de las embajadas en Santiago y Buenos Aires –que también han actuado concertadamente a través de los Jefes de Estado, que son más abiertos–, se ha logrado tener este conjunto de artículos y normas que refuerzan el protagonismo y las perspectivas de los Comités de Integración en el Tratado de Maipú. Pero en general, estos Comités no han alcanzado todavía un grado avanzado de eficacia y su desempeño es disparejo, lo que muestra que en cada caso su avance depende de la voluntad e iniciativa política de las autoridades que están a uno u otro lado de la frontera común.

En pocas palabras, las relaciones subnacionales entre Argentina y Chile constituyen una experiencia interesante, y con un grado mayor de coordinación institucional y voluntad política de parte de los gobiernos de Buenos Aires y Santiago, podrían llegar a ser una experiencia emblemática que originara un modelo y tendencias replicables en otros países de la región. Eso dependerá, fundamentalmente, de la forma en que se utilicen los mecanismos establecidos en el Tratado de Maipú y de la determinación que sus autoridades nacionales tengan para profundizar los procesos de descentralización y desconcentración de sus políticas exteriores.

LA FRONTERA COLOMBO-VENEZOLANA. ENTRE LA DISTENSIÓN Y LA CONFLICTIVIDAD

Francine Jácome[8]

Introducción

La frontera colombo-venezolana tiene una extensión de 2.219 kilómetros y tradicionalmente ha sido una frontera vulnerable. A lo largo de la historia, las relaciones gubernamentales entre los dos países han estado marcadas por las delimitaciones territoriales y litigios, aunque también acompañadas por periodos de acercamiento, especialmente en lo referido a las relaciones comerciales.[9] En este marco, entre 1830 y 1941, sus vínculos giraron en torno a la delimitación de las fronteras terrestres, y una vez acordadas se mantuvieran relaciones en las cuales predominó la cooperación entre 1942 y 1970. Sin embargo, a partir de 1970 surgieron nuevos conflictos vinculados con la delimitación de áreas marinas y submarinas que generaron un distanciamiento en cuanto a otros temas de cooperación que duraría hasta 1988.

Durante la siguiente década se reanudarían las relaciones centradas en la cooperación, caracterizadas por

---

[8]   Directora Ejecutiva del Instituto Venezolano de Estudios Sociales y Políticos (INVESP).
[9]   Ramírez, Socorro y Hernández, Miguel, A. (2003), "Colombia y Venezuela: vecinos cercanos y distantes", en Ramírez, Socorro y José María Cárdenas (editores.), *La vecindad colombo-venezolana*, Bogotá, CAB / IEPRI / UCV.

un periodo de distensión,[10] cuando se buscó fortalecer las coincidencias políticas, económicas y comerciales dejando de lado los puntos de tensión, especialmente referidos a la delimitación de áreas marinas y submarinas. Este tema, por cierto, tampoco ha sido abordado entre los dos gobiernos actuales, pese a las tensiones existentes. En este sentido, se produjeron adelantos en la demarcación de fronteras terrestres a través de la puesta en marcha de comisiones conjuntas, entre las que se destacaron la Comisión Binacional de Fronteras (COMBIFRON) y las Comisiones de Vecindad.

Este periodo de acercamiento comenzó a sufrir un deterioro con la llegada al poder del presidente Chávez en 1999, especialmente a raíz de las relaciones más estrechas que se fueron desarrollando entre los gobiernos primero de Andrés Pastrana y posteriormente de Álvaro Uribe con los Estados Unidos a través del Plan Colombia. Por lo tanto, los últimos diez años han estado marcados por una tendencia cíclica de conflictividad y acercamiento asociada no solamente a las relaciones bilaterales sino también al contexto hemisférico. En este sentido, han sido varios los temas que han llevado a un incremento de los temores mutuos,[11] entre los que pueden señalarse:

---

[10]   Sierra, Marina (2010), "La revolución de Chávez: fortalezas, debilidades y contradicciones", n Ramos, Francesca, Carlos Romero y Hugo Ramírez (editores.), *Hugo Chávez, Una década en el poder*, Bogotá, CEPI / OV / UR.

[11]   Ramírez, Socorro *et al.* (2005), "Estados Unidos-Colombia-Venezuela: ¿una relación triangular?", en Ramírez, Socorro y José María Cadenas, *Venezuela y Colombia. Debates de la historia y retos del presente*, Caracas, IEPRI / UCV.

Del lado venezolano	Del lado colombiano
El equipamiento de las fuerzas armadas colombianas para afrontar la situación interna, que se percibe puede producir un desequilibrio militar.	La cercanía del gobierno central venezolano con algunos gobiernos locales que rechazan el Plan Colombia. Esto puede dificultar el control conjunto de las fronteras y facilitar –por acción o por omisión– la utilización de territorio venezolano para resguardo de las guerrillas. La percepción de que el gobierno venezolano no desea cooperar en actividades conjuntas que ayuden a controlar la frontera.
Por su estrecha relación con el gobierno de Estados Unidos, Colombia podría convertirse en una punta de lanza para desprestigiar, amenazar o confrontar al gobierno del presidente Chávez.	El gobierno venezolano puede obtener una ventaja de su proximidad ideológica con la guerrilla e intervenir en el debate político interno del país.
El apoyo de las élites colombianas a la oposición venezolana.	La utilización del tema del diferendo limítrofe para alentar el nacionalismo en un momento en que esté enfrentando problemas internos.

El creciente clima de tensiones que se ha vivido entre los dos países, especialmente a partir de marzo de 2008, influye no sólo sobre la dinámica de las relaciones bilaterales entre los dos gobiernos centrales, sino también sobre los vínculos fronterizos y aquellos que se producen en las dinámicas suramericanas y continentales. Por lo tanto, el objetivo central de este documento es examinar las principales características de las relaciones en estos tres ámbitos, con la finalidad de identificar los puntos de tensión fundamentales y las posibles propuestas para tratar de evitar una profundización de la conflictividad.

Relaciones fronterizas

La frontera colombo-venezolana tiene características que la distinguen así como temas y tensiones particulares. Entre sus principales características se ha señalado[12] su heterogeneidad, ya que se pueden identificar cinco ámbitos territoriales fronterizos diferentes con particularidades territoriales en cuanto a recursos naturales, de poblamiento, así como de condiciones socioeconómicas y políticas, pero que guardan una homogeneidad entre las partes venezolana y colombiana.[13] En segundo lugar, un legado histórico común que ha conducido a la integración espontánea entre las comunidades independientemente de las líneas divisorias político-administrativas.

Igualmente, a lo largo de la extensa frontera, se encuentra la presencia de grupos irregulares –la guerrilla y los paramilitares– que influye en forma determinante sobre el tejido social de las comunidades, formando parte de su vida cotidiana. Aunado a ello, se encuentra la presencia del narcotráfico y la delincuencia común, que operan con mayor intensidad en las zonas fronterizas, al igual que actividades asociadas al contrabando y el comercio informal. Todo ello condujo en Venezuela al establecimiento de los teatros de operaciones por parte de las Fuerzas Armadas, que se concibieron como cuerpos militares destinados específicamente a la defensa de la frontera y que condujeron a su creciente militarización.

---

[12]   Urdaneta, Alberto (2005), "Complejidades para entender y actuar en la frontera colombo-venezolana: una mirada desde la perspectiva venezolana", en Ramírez, Socorro y José María Cadenas, *Venezuela y Colombia. Debates de la historia y retos del presente*, Caracas, IEPRI / UCV.

[13]   La Guajira; Perijá-César-Sur del Lago de Maracaibo; San Antonio-Ureña-Cúcuta (Táchira-Norte de Santander); Apure-Arauca; y Vichada-Guainía-Amazonas (Ramírez, Socorro y Hernández, Miguel A. (2003), *op. cit.*; Urdaneta, Alberto (2005), *op. cit.*

Adicionalmente, se ha expandido la presencia de población colombiana del lado venezolano, habiéndose extendido a todo el territorio nacional y no solamente a la frontera. Una última característica es que en la frontera occidental se encuentran diversas comunidades indígenas, siendo los Wayuu los más numerosos.

Por lo tanto, se evidencia una interdependencia compleja de las dinámicas fronterizas en la cual han despuntado temas relacionados con[14] la venta de gasolina a precios baratos para frenar el contrabando, la habilitación del puente José Antonio Páez como paso fronterizo internacional, así como la creación de la Zona de Integración Fronteriza (ZIF) entre Táchira y el Norte de Santander. No obstante, esta última se ha visto paralizada por la salida de Venezuela de la Comunidad Andina de Naciones (CAN), ya que las ZIF forman parte de una iniciativa de esta agrupación a través de su decisión 501.[15]

En Venezuela existe una tensión respecto a las relaciones fronterizas, pues persiste y se ha profundizado la concepción centralista en la cual el gobierno nacional, lejano de la realidad de fronteras, busca continuar monopolizando la toma de decisiones en las dinámicas fronterizas. Un ejemplo se relaciona con la posibilidad de que los gobiernos locales y regionales alcancen ciertos acuerdos sobre la vecindad,[16] lo cual está previsto en las reformas constitucionales colombianas pero no en la venezolana.

---

14 Ramírez Socorro (2010), "Colombia-Venezuela: una intensa década de encuentros y tensiones", en Ramos, Francesca, Carlos Romero y Hugo Ramírez (editores.), *Hugo Chávez, una década en el poder*, Bogotá, CEPI / OV / UR.

15 Bustamante, Ana (2010), "Diez años en la relación transfronteriza colombo-venezolana", en Ramos, Francesca, Carlos Romero y Hugo Ramírez (editores.), *Hugo Chávez, una década en el poder*, Bogotá, CEPI / OV / UR; Sierra, Marina (2010), *op. cit.*

16 Bustamante, Ana (2010), *op. cit.*

Un importante indicador es la interrupción de la iniciativa de la ZIP.

En la actualidad, persisten tres factores fundamentales en las tensiones fronterizas.[17] En primer término, el libre tránsito y las dinámicas económicas, que incluyen el libre movimiento en la frontera así como la coordinación de políticas económicas y macroeconómicas. En segundo lugar, las dinámicas sociales que se relacionan a las "misiones",[18] desplazados y/o refugiados así como otros aspectos que tienen que ver básicamente con las actividades de los grupos irregulares.

Con respecto al libre tránsito, diferentes acontecimientos han llevado a que éste se convierta en un tema de tensiones, especialmente cuando los mismos actores locales intervienen y bloquean el paso como forma de llamar la atención en el escenario político nacional. Entonces, las relaciones fronterizas pasan a ser tratadas por el gobierno central y se incluyen en las agendas bilaterales e internacionales, no siempre en beneficio de los intereses de las zonas fronterizas. De igual forma, acciones que pertenecen más al ámbito bilateral pasan a tener repercusiones sobre las relaciones transfronterizas. Especialmente en el año 2009, a raíz de las crecientes tensiones entre los presidentes Chávez y Uribe, el paso en la frontera del Táchira se convirtió en un punto de conflicto importante, llevando a la interrupción del tránsito por parte de efectivos militares, perjudicando a las comunidades de ambos países.

Igualmente, se ha producido una falta de coordinación de políticas económicas, debido a diferencias tanto generales relativas a los modelos económicos que desarrollan los dos vecinos, como a políticas puntuales, fundamentalmente

---

[17]   *Ibíd.*
[18]   Políticas asistencialistas que desarrolla el gobierno venezolano fundamentalmente en las áreas de salud y de educación.

aquellas aplicadas por el gobierno venezolano. En este sentido, el control de cambio ha sido un factor predominante en el comercio bilateral y ha tenido como resultado la utilización no transparente del cambio de moneda. El control de precios también ha fomentado el llamado "comercio de extracción", cambiando la relación de comercio de alimentos, dado que Colombia tradicionalmente había sido la proveedora para la zona fronteriza venezolana, produciéndose en 2009 y 2010 un desabastecimiento en el lado venezolano. Como se señaló anteriormente, el contrabando de combustible es también un factor importante.

Algunas de las misiones sociales del gobierno venezolano han sido extendidas al lado colombiano para ganar apoyo especialmente entre los sectores populares. Sin embargo, la Misión Identidad ha sido la que ha generado más tensiones debido al otorgamiento, sin muchos controles, de cédulas de identidad venezolanas a ciudadanos colombianos, señalándose que éstas han sido entregadas a miembros de los grupos irregulares, lo cual les permite circular con mucha facilidad dentro del país.

Los gobiernos locales y regionales de las zonas fronterizas también han realizado esfuerzos por formalizar distintas actividades, como aquellas relacionadas a la prestación de servicios de salud, transporte, educación y suministro de agua, entre otros. De igual forma, el creciente flujo de visitantes colombianos hacia ciudades fronterizas ha dinamizado el sector turístico venezolano así como la adquisición de viviendas.

Anteriormente, la inmigración colombiana a Venezuela se orientaba hacia la búsqueda de mejores condiciones económicas. Sin embargo, a partir de 1998 se introdujo la figura de los "desplazados", que ha llevado a su utilización para éxodos masivos de comunidades que buscan refugio frente a las actividades de los grupos irregulares. Como consecuencia, se han generado múltiples problemas dada la falta de experiencia de las autoridades venezolanas en atender este tipo de situación, llevando a la intervención de varias organizaciones internacionales, entre ellas el Alto Comisionado de las Naciones Unidas para los Refugiados (ACNUR), Cáritas, el Servicio Jesuita a Refugiados, la Organización Internacional para las Migraciones y la Oficina de Ayuda al Inmigrante.

En función de esto, se estima que el conflicto colombiano se ha trasladado a la frontera, y que debido a la pasividad de las instituciones venezolanas se han generado situaciones de violación de los derechos humanos de estos sectores.[19] El ACNUR calcula que desde 2002 han llegado 200.000 desplazados,[20] muchos de los cuales no han realizado los trámites para que les sea otorgada la figura de refugiados y que, por lo tanto, están en condición de "invisibilidad". La mayor cantidad de programas de atención está concentrada en los Estados fronterizos de Táchira y el Zulia.

Adicionalmente, esta frontera tiene también una serie de actividades informales e ilegales que han llevado a que los niveles de inseguridad aumenten considerablemente, en gran medida por la falta de cooperación de los gobiernos de ambos países en las áreas de seguridad y defensa. Entre los problemas más importantes destacan[21] los altos niveles de pobreza, cultivos de coca, presencia de grupos irregulares,[22] tráfico de armas, secuestro y extorsión, sicariato, contrabando y la creciente presencia de grupos del crimen organizado transnacional.

---

[19] Bustamante, Ana (2010), *op. cit.*
[20] Itriago, Dalila (2010), "Se calcula que al país han llegado 200.000 desplazados de Colombia", en *El Nacional*, Caracas, 21 de junio, Ciudadanos 1.
[21] Bustamante, Ana (2010), *op. cit.*
[22] Guerrilla: FARC, ELN y Fuerza Bolivariana de Liberación; paramilitares: Autodefensas Unidas de Colombia (AUC) y, posteriormente, las Águilas Negras; y hampa común.

La zona fronteriza está sujeta a la lucha por el control territorial entre los diferentes grupos irregulares y, pese a la desmovilización de las AUC, muchos de sus integrantes han pasado a formar parte del hampa común, así como de una nueva agrupación denominada las Águilas Negras.[23] El tema de secuestros y extorsión –la "vacuna"– se había limitado básicamente a los productores agropecuarios de la frontera, pero crecientemente se ha convertido en un problema nacional. Personas en la capital del país y en otros centros urbanos –especialmente empresarios– son secuestradas por delincuentes comunes y luego "vendidas" a la guerrilla. De igual forma, el sicariato es un fenómeno que se ha incrementado. Por lo tanto, especialmente en la frontera, debido a la incapacidad de los cuerpos de seguridad del Estado y a veces por complicidad, se ha ido cediendo espacios de vigilancia, saneamiento y seguridad a estos grupos irregulares.

Esta situación es producto del deterioro de las relaciones de cooperación formales e institucionales entre los gobiernos de ambos países, lo cual ha dejado abierto un espacio para que se incrementen las relaciones informales –muchas de ellas ilegales– que generan mayor violencia e inseguridad en las zonas de frontera. Adicionalmente, dadas las tensiones existentes entre los dos gobiernos centrales, en los últimos dos años también se ha visto un aumento de conflictos focalizados que buscan crear mayores tensiones. Del lado venezolano esto se ve agravado por el hecho de que los principales Estados fronterizos (Táchira y Zulia) están en manos de gobernadores de la oposición, electos en noviembre de 2008, por lo que la polarización

---

[23] Mayorca, Javier (2009), "Venezuela: los grupos guerrilleros y paramilitares como actores de la delincuencia organizada", Caracas, ILDIS. Disponible en línea: www.ildis.org.ve

y conflictividad política nacional también pasa a jugar un papel importante en las relaciones fronterizas.

Debido a las crecientes tensiones y conflictividades, se ha planteado que es prioritario retomar el debate en torno a fronteras y vecindad,[24] que se centra en la idea de que es preciso ir más allá de la concepción de fronteras como líneas territoriales divisorias e incorporar a la vecindad como un punto de encuentro y articulación entre diferentes sectores y procesos de ambos países.

Sin embargo, pese a las dinámicas propias de las zonas fronterizas que muchas veces han permitido mantener lazos cercanos entre las comunidades, más allá de los conflictos, la agudización de las tensiones entre los gobiernos nacionales, especialmente a partir de marzo de 2008, tiende a influir sobre la posibilidad de profundizar las relaciones de vecindad.

Relaciones bilaterales

Como se ha señalado anteriormente, las relaciones entre los gobiernos nacionales tienen un peso muy importante sobre las dinámicas fronterizas; más en este caso, en el cual existen relaciones pendulares entre el acercamiento / distensión y la tensión / conflictividad. En este sentido, se ha planteado que entre 1999 y 2010 los vínculos han pasado por tres etapas orientadas por los mismos objetivos de cada lado.[25] En el caso venezolano, se busca influir sobre el conflicto colombiano, pues para su proyecto es de importancia primordial la expansión y consolidación de la "revolución bolivariana", y considerando que percibe a Colombia como un área de presencia de Estados Unidos en la región, es

---

24   Ramírez, Socorro y Hernández, Miguel A. (2003), *op. cit.*
25   Ramírez, Socorro. (2010), *op. cit.*

estratégica su influencia. Por el lado colombiano, se busca que la proximidad ideológica con las FARC no se traduzca en un apoyo abierto, por lo que se ha intentado enfatizar las relaciones comerciales.

Estas tres fases han pasado desde una neutralidad activa (1999-abril 2002), tensiones y reconciliación (abril 2002-2007), hasta una alta tensión (2008-2010). Desde inicios del gobierno del presidente Chávez, se perfilaron opciones distintas en la política exterior de los dos gobiernos relacionadas a puntos de desencuentro fundamentales relativos al conflicto interno colombiano, el Plan Colombia y el papel de Estados Unidos. Entre los puntos de discrepancia más destacados han estado:[26]

- Abandono por parte del gobierno venezolano de su política de considerar a la guerrilla como un "enemigo común", y la adopción de la llamada "tesis de la neutralidad". En la práctica, le dio beligerancia a la guerrilla.
- Contactos entre el gobierno venezolano y la guerrilla sin la anuencia del gobierno colombiano y las denuncias sobre la utilización del territorio venezolano para que éstas buscaran refugio o lanzaran ofensivas. Se ha percibido como un entendimiento con la guerrilla.
- Reacción del gobierno venezolano ante acciones de la guerrilla, especialmente debido a que se considera que no denuncia la violación de derechos humanos.
- Tráfico de armas hacia la guerrilla.
- Actuación de paramilitares.
- Desplazamiento de poblaciones afectadas hacia territorio venezolano.

En el primer periodo, se suspendieron los mecanismos de vecindad tales como las reuniones de presidentes, la COPIAF y la COMBIFROM, y otros que permitían el

---

[26]   *Ibíd.*

diálogo y la negociación en ámbitos institucionales. Esto
dio inicio a la llamada política de "micrófonos", y sentaría
las bases para una relación fundada principalmente en
las relaciones presidenciales, obviando cada vez más los
canales diplomáticos e institucionales. Se desarrolló un
clima de creciente desconfianza mutua.

A partir del intento de golpe de Estado en Venezuela en
abril de 2002, y del asenso de Álvaro Uribe a la presidencia,
aumentaron las tensiones. Un factor fundamental fue su
política de seguridad democrática que incluyó un mayor
acercamiento al gobierno de Estados Unidos. En este periodo se agudizaron las "políticas exteriores en contravía".[27]
Desde Venezuela se declaró el carácter antiimperialista
de su política exterior, y en el marco de ello se inició lo
que hoy en día se conoce como la Alianza Bolivariana
para Nuestros Pueblos de las Américas (ALBA); también
se tomó la decisión de retirarse de la CAN y del G-3, y de
buscar su ingreso al MERCOSUR. Mientras que desde el
lado colombiano, se produjo un mayor acercamiento con
el gobierno estadounidense a través del Plan Colombia.

A pesar de que se produjo un cierto grado de acercamiento, predominaron los temores de ambas partes y
se incrementaron las tensiones. En el marco de los acercamientos, se creó la Comisión Binacional de Alto Nivel
(COBAN) en 2005, la cual dejó de funcionar cuando se
iniciaron las tensiones. De igual manera, se acrecentaron los
nexos especialmente en cuanto a proyectos conjuntos en el
área energética, con la construcción de un gasoducto binacional y un poliducto que permitiría que Venezuela exporte
petróleo al Asia a través de la costa pacífica colombiana.

Sin embargo, la participación del presidente Chávez
en un proceso de canje humanitario con la guerrilla y
el mal manejo que hizo de ello dado su protagonismo y

---

[27]   *Ibíd.*

falta de capacidad de negociación, llevaron a crecientes tensiones. Además, el Presidente de Venezuela sobrepasó el papel que le había concedido el gobierno colombiano, pues mantuvo conversaciones con autoridades colombianas sin autorización, y empezó a comentar públicamente su posible papel en un proceso de paz, lo cual excedía el mandato pautado en el acuerdo humanitario.

Adicionalmente, desde Venezuela se expresaron crecientes temores por la adquisición de equipos militares por parte de la fuerza armada colombiana, que ésta consideraba necesaria para su lucha contra la guerrilla y el narcotráfico. De igual forma, la entonces Fuerza Armada Nacional venezolana planteó una hipótesis de conflicto según la cual podría esperarse una intervención de Estados Unidos a través de Colombia. A esto se sumó que el presidente Chávez percibía que las élites colombianas tomaban partido a favor de la oposición en la polarización política nacional. A partir de 2004, Venezuela comenzó a incrementar sus compras de armas y a hacer pública su cercanía ideológica con la guerrilla, motivos suficientes para provocar un aumento en las tensiones.

Los últimos dos años (2008-2010) han estado marcados por una alta tensión, que ha incluido rupturas y acercamientos controlados.[28] El detonante fue el bombardeo del campamento de las FARC en Ecuador, lo cual produjo la ruptura de relaciones, la amenaza y movilización militar hacia la frontera por parte del gobierno venezolano. Aunque comenzó como una acción militar, su posterior desarrollo se dio básicamente en el campo político.[29]

---

[28]   *Ibíd.*
[29]   Cardozo, Elsa (2008), *Ingobernabilidad e inseguridad en la región andina: la crisis Ecuador-Colombia-Venezuela y los retos a la seguridad cooperativa*, Caracas, ILDIS.

Después de un tibio acercamiento propiciado en la Cumbre del Grupo de Río, en marzo de 2008 en República Dominicana, a pesar de las tensiones y desconfianza mutua, los lazos se mantuvieron con una agenda mínima, caracterizada por un control presidencial y concentrándose en lo comercial.[30] No obstante, esta agenda no pudo escapar a las crecientes tensiones políticas que han llevado a que en los últimos dos años las inversiones colombianas hayan disminuido considerablemente, debido al control de cambio y a la inestabilidad y la inseguridad jurídica que predomina en Venezuela.

A partir de julio de 2009 se generaron nuevas tensiones, que llevaron a la paralización de las relaciones, mas no a la ruptura. El acuerdo entre el gobierno colombiano y el estadounidense para la utilización de siete bases militares para la cooperación en la lucha contra los grupos irregulares y el narcotráfico, así como los lanzacohetes encontrados en un campamento guerrillero que habían sido vendidos por Suecia al gobierno venezolano, llevaron a una escalada en el conflicto y a congelar las relaciones. En este marco, se produjo la orden por parte del primer mandatario venezolano de interrumpir las relaciones comerciales. De esta forma, el comercio bilateral pasó de US$ 6.514 millones en 2008 a US$ 2.600 en 2009, con la perspectiva de que bajará aun más en 2010.[31]

Como respuesta a esta situación, y especialmente después de que el presidente Chávez congelara las relaciones comerciales entre los dos países, los empresarios colombianos fueron diversificando su mercado, especialmente desde que Venezuela instituyó un sistema de cuotas y una serie de

---

[30]   Ramírez, Socorro (2010), *op. cit.*

[31]   Romero, Carlos (2010), *La victoria electoral de Juan Manuel Santos y su impacto en las relaciones de seguridad colombo-venezolanas*, Briefing, Programa de Cooperación en Seguridad Regional (en prensa).

mecanismos burocráticos para limitar las importaciones. A ello sumaron los fuertes retrasos en la cancelación de los pagos, debido a los problemas del control cambiario y a la caída de divisas. En estos últimos años también se han producido acusaciones mutuas de espionaje y actividades de inteligencia ilegales.

El más reciente *impasse* se produjo en julio de 2010, cuando el gobierno del presidente Uribe anunció que llevaría ante la OEA pruebas de la presencia de líderes y campamentos guerrilleros en las zonas fronterizas venezolanas,[32] lo cual puso fin a los primeros acercamientos que se habían producido con el presidente electo. Aunque se puede considerar que Juan Manuel Santos pueda tener una posición más flexible, lo cierto es que se espera que dé continuidad a las políticas fundamentales del actual gobierno respecto a la política de seguridad democrática y a las relaciones cercanas con el gobierno estadounidense. Entre sus prioridades ha declarado la necesidad de recomponer las relaciones con los gobiernos de Ecuador y Venezuela.

Las denuncias del gobierno colombiano ante la OEA llevaron a que el presidente Chávez decidiese la ruptura de relaciones. Sin embargo, a los pocos días de asumir el poder en agosto de 2010, el presidente Santos se reunió con el primer mandatario venezolano y acordaron normalizar sus relaciones diplomáticas. A tal fin, se establecieron cinco grupos de trabajo para evaluar los diferentes aspectos de las relaciones bilaterales. El primero, que pretende lograr el pago de las deudas comerciales venezolanas con entes del vecino país y la normalización de relaciones comerciales, es considerado como el más importante. El gobierno venezolano se comprometió a agilizar los respectivos pagos,

---

[32]   En El Nula, Machiques y Sierra de Perijá del Estado Zulia, y en Elorza, Guasdualito y Achagua del Estado Apure (*El Universal*, 16 de julio de 2010).

especialmente en cuanto a los retrasos producidos por el sistema de control de cambio.

Los otros cuatro grupos de trabajo tienen la finalidad de abordar los siguientes temas: reestablecimiento y ampliación de los mecanismos económicos y comerciales; inversión social en las zonas de fronteras; desarrollo conjunto de proyectos de infraestructura en las zonas fronterizas; así como seguridad, con un especial énfasis en lo relacionado al narcotráfico. Se señaló que era posible que en el corto plazo se formara un sexto grupo que trabajaría lo relativo a los aspectos energéticos, lo cual se vincula básicamente con el tema del gas. Es importante notar que en la conformación de estos grupos de trabajo bilaterales, se ha prestado atención a la problemática fronteriza. No obstante, en el mediano plazo será importante evaluar si se ejecutan proyectos en estas áreas.

Por lo tanto, puede señalarse que hay tres aspectos fundamentales que influyen sobre las relaciones entre los dos países.[33] Como se puntualizó anteriormente, para el "proyecto bolivariano", Colombia es una pieza clave y no depende únicamente del gobierno de turno, pues se percibe que existe una diferencia ideológica importante con los sectores políticos, empresariales y militares colombianos. En función de ello, han predominado las relaciones presidenciales que han desdibujado los vínculos institucionales, caracterizándose por su personalismo y conflictividad. En este marco, se percibe la incompatibilidad de la política de seguridad democrática –con sus planes Colombia y Andino– y la reformulación de la doctrina de seguridad y defensa que se adelanta en Venezuela desde 1999,[34] que

---

[33]   Gerbasi, Fernando (2010), "La política exterior de la Revolución Bolivariana y Colombia", en Ramos, Francesca, Carlos Romero y Hugo Ramírez (eds.), *Hugo Chávez, una década en el poder*, Bogotá, CEPI / OV / UR.

[34]   Cardozo, Elsa. (2008), *op. cit.*

tienen hoy en día como eje central la defensa del proyecto bolivariano y del "socialismo del siglo XXI", así como la creciente militarización de la sociedad por medio del desarrollo de la Milicia Nacional Bolivariana.

El otro factor que interviene en forma importante es la relación con Estados Unidos, pues por un lado se propicia la confrontación y por el otro las alianzas. El tercero son las relaciones de Chávez y miembros de su gobierno con las FARC, y en menor medida, con el ELN. En relación con lo último, es importante notar el papel de la Coordinadora Continental Bolivariana (CCB), concebida como un movimiento transnacional, una suerte de "internacional bolivariana" que agrupa a las tendencias más radicales de la izquierda en América Latina y el Caribe. Forman parte de ella tanto partidos políticos, de los cuales predominan los partidos comunistas de distintos países, movimientos sociales (jóvenes, mujeres, indígenas, entre otros), así como grupos armados entre los que predominan las FARC.

Sus inicios fueron en 2002 y se definió como una respuesta al Plan Colombia, luego al Plan Patriota y al Andino, del presidente Uribe. Se constituyó formalmente en 2003. El Primer Congreso de la CCB se efectuó en 2005 en una de las principales instalaciones militares de Venezuela, el Fuerte Tiuna en Caracas. Allí estuvieron presentes alrededor de 500 delegados y se planteó la necesidad de crear una red de alianzas para atacar al gobierno colombiano "desde afuera". Hasta sus decesos, los miembros de las FARC Iván Márquez y Raúl Reyes formaban parte del liderazgo de esta agrupación. Entre el 3 y el 5 de marzo de 2007, en el marco de un Congreso del Partido Comunista de Venezuela, se decidió convertir a la CCB en el Movimiento Continental Bolivariano.

Por lo tanto, las diferencias político-ideológicas marcan un distanciamiento y, recientemente, una creciente conflictividad entre los dos gobiernos, que afecta no solamente sus relaciones en el ámbito nacional sino también, muy especialmente, las dinámicas fronterizas que se ven cada vez más debilitadas y sujetas a crecientes amenazas no convencionales. Adicionalmente, esta situación influye en los procesos de cooperación e integración, no sólo en la Región Andina sino también en el ámbito continental.

Impactos regionales

En los últimos diez años se han evidenciado las crecientes diferencias respecto a las estrategias internacionales de los dos gobiernos.[35] El colombiano está orientado por una visión básicamente unipolar de las relaciones, en el marco de las cuales ha *bilateralizado* y privilegiado su relación con Estados Unidos, aunque es posible que el presidente electo se esfuerce por ampliarlas. En cambio, el gobierno de Venezuela se orienta por la percepción de la necesidad de un mundo multipolar, el establecimiento de un eje antiestadounidense y la defensa de la soberanía así como la promoción del presidente Chávez como un líder mundial. En este sentido, se ha concluido[36] que más que una relación triangular entre Colombia, Venezuela y Estados Unidos, lo que existe son dos relaciones bilaterales con perspectivas diferentes y contradictorias.

Se han desarrollado perspectivas contrapuestas que también han incluido lo económico, en cuanto que Colombia ha buscado la firma de un tratado de libre comercio con Estados Unidos y más recientemente con Unión Europea –junto con Perú–, mientras que Venezuela

---

[35] Ramírez *et al.* (2005), *op. cit.*; Vargas, Alejo (2006), *El impacto internacional del conflicto colombiano. Relaciones del Ecuador con sus países vecinos (Colombia-Perú)*, Quito, Planex 2020 / CAF / FES-ILDIS.

[36] Ramírez *et al.* (2005), *op. cit.*

privilegia la entrada al MERCOSUR y las relaciones sur-sur. De igual forma, Colombia "vincula cada día más sus relaciones exteriores a un plano interno de la resolución de la confrontación armada y el gobierno de Venezuela internacionaliza sus relaciones exteriores."[37] Al mismo tiempo, ambas buscan fortalecer sus políticas internas por medio de la búsqueda de apoyos en el ámbito internacional. Colombia se maneja en el marco de una alianza occidental, mientras que Venezuela fortalece cada vez más la construcción de lo que percibe como un eje antiocci-dente a través de sus relaciones principalmente con Irán, China, Rusia y otros países como Siria, Libia y Bielorrusia.

En función de ello, es importante prestar atención a lo que se ha considerado como la "regionalización" del conflicto interno colombiano,[38] que se percibe como una amenaza para otros países, especialmente Venezuela y Ecuador en el marco de las relaciones andinas. Como ocurre en otros países y subregiones de América Latina y el Caribe, tiene la particularidad de no ser una amenaza convencional entre Estados sino por las acciones de grupos irregulares que tienden a utilizar los territorios de las naciones vecinas como una retaguardia. Es el llamado efecto "derrame", ya que por la presión interna, los guerrilleros, paramilitares y narcotraficantes se han movido hacia los países fronte-rizos. Sin embargo, esta situación no se ha manejado en forma multilateral, sino que continúa habiendo un enfoque unilateral y recibe un enfoque bilateral.[39]

Los conflictos entre Colombia y sus vecinos Ecuador y Venezuela han estado directamente relacionados con esto, mostrando cómo la escalada de tensiones fronterizas tiene impactos sobre las relaciones regionales. Adicionalmente,

---

[37] *Ibíd.*, p. 43.
[38] Vargas, Alejo (2006), *op. cit.*
[39] *Ibíd.*

ha tenido otras consecuencias regionales tales como:[40] la militarización de las fronteras (por ejemplo, del lado colombiano se han establecido desde 2009 los "teatros de operaciones conjuntas", que tienen la finalidad de coordinar las ofensivas de todas las fuerzas de seguridad contra los insurgentes, y del lado venezolano se han establecido los "teatros de operaciones", como se señaló anteriormente); el incremento de adquisiciones militares, que ha llevado a la discusión sobre una supuesta "carrera armamentista", como resultado de la percepción de un desequilibrio del poder regional que lleva a presiones para la adquisición de nuevos equipos militares; y la obstaculización de la integración económica.

En este sentido, las diferencias colombo-venezolanas han formado parte de la creciente fragmentación y polarización de la región, conduciendo a un debilitamiento aun mayor de los diferentes mecanismos de cooperación en diferentes áreas. No existe un consenso en la región andina con respecto a cuáles son las principales amenazas, por lo que ha sido imposible construir una agenda común y fomentar la cooperación en seguridad.[41] Por lo tanto, continúan predominando una visión unilateral y las confrontaciones bilaterales. Por ejemplo, en el caso del conflicto colombiano, existe una diferencia entre aquellos sectores –entre ellos el gobierno– que lo definen como una amenaza terrorista que permite justamente la participación de Estados Unidos (extensión de la política antidrogas y antiterrorista), y aquellos que lo consideran como un conflicto interno armado.

En el contexto sudamericano, se evidencia en la actualidad en la profundización de una especie de "paralelismo" entre la institucionalidad de UNASUR y de la ALBA. En el

---

[40]   *Ibíd.*
[41]   *Ibíd.*

ámbito específico del primero, uno de los temas que ha dividido al reciente mecanismo es el acuerdo militar entre Estados Unidos y Colombia, manejado fundamentalmente por el Consejo de Defensa Suramericano (CDS) por un enfoque que ha privilegiado el establecimiento de un plan para promover las medidas de confianza mutua. No obstante, por el lado de la ALBA se creó, durante la VII Cumbre de Cochabamba en octubre de 2009, el Comité Permanente de Soberanía y Defensa de la ALBA, que tiene como fin la definición de una Estrategia de Defensa Integral Popular Conjunta y el establecimiento de la Escuela de Dignidad y Soberanía de las Fuerzas Armadas de los países de la ALBA. Esta última instancia parecería ser paralela al recientemente creado Centro Suramericano de Estudios Estratégicos que funcionará en Buenos Aires.

Por último, la OEA también ha sido el escenario de las tensiones y relaciones conflictivas entre los dos países. En los últimos años, el gobierno venezolano tiende a distanciarse cada vez más de este organismo, especialmente en lo que respecta a la Carta Democrática Interamericana y el tema de los derechos humanos. En cambio, el gobierno colombiano –acusado también tanto nacional como internacionalmente por la violación de derechos humanos– tiende a utilizar estos escenarios para denunciar los supuestos vínculos del gobierno venezolano con los grupos irregulares colombianos.

Conclusiones

Las relaciones colombo-venezolanas se han caracterizado en los periodos de los presidentes Chávez y Uribe por el *hiperpresidencialismo* de las relaciones exteriores, marcadas por una diplomacia personal y la llamada política de "micrófonos". En ambos líderes son evidentes las tendencias personalistas y autoritarias. En este marco es importante tomar en consideración que el presidente Chávez utiliza con mayor frecuencia la interrupción de las relaciones comerciales y económicas, apostando a que esto generará descontento en los sectores empresariales del vecino país, los que se alejarán del gobierno y ejercerán mayores presiones. Sin embargo, los resultados electorales recientes muestran que esta estrategia no ha funcionado.

En función de ello, es importante tomar en cuenta que el gobierno venezolano juega en un "doble tablero". Por un lado, la relación Estado-Estado, y por el otro, las relaciones entre el gobierno y diferentes movimientos políticos y sociales en los diferentes países, cosa que ha tratado de reproducir en el caso colombiano sin mucho éxito. Especialmente porque sus aparentes relaciones con los grupos guerrilleros generan reacciones negativas por parte de amplios sectores. Como de costumbre, el jefe de Estado venezolano realizó declaraciones públicas respecto a la campaña electoral, señalando que si ganaba el candidato oficialista cerraría totalmente el comercio, y calificó a Santos de "mafioso".[42] La respuesta fue que todos los candidatos mostraron su rechazo a lo que calificaron como intervención en la política interna del país.

En el corto plazo, las relaciones bilaterales dependerán en gran medida del presidente Chávez, quien las ha condicionado a eliminación del acuerdo militar con Estados Unidos, cosa que luce poco probable. Desde la perspectiva del nuevo gobierno colombiano, es indudable que la prioridad será llegar a un entendimiento que privilegie el reestablecimiento de los lazos comerciales y el adelanto de las propuestas concretas que realizó Juan Manuel Santos

---

[42]   Hernández, Alejandra (2010), "Chávez insta a revisar casos de 'cama-leones' dentro del partido", en *El Universal*, Caracas, 8 de mayo, pp. 1-2.

durante su campaña:[43] construir mecanismos efectivos de intercambio de información, mejorar el control fronterizo, evitar el flujo de capitales ilícitos así como agilizar la cooperación entre las instituciones jurídicas.

Se puede prever que continuarán las tensiones básicamente en el contexto político, con muy escasas probabilidades de un enfrentamiento militar tradicional. Pueden esperarse conflictos puntuales y esporádicos especialmente alrededor de la frontera. En función de ello, se considera[44] que es primordial que las relaciones, especialmente en momentos conflictivos, sean canalizadas a través de las cancillerías, que son las instituciones que están preparadas para ello. Debe dejarse de lado la participación de otras instancias tanto civiles como militares, que han conducido a una creciente politización y deterioro de los lazos bilaterales. Por lo tanto, se plantea la necesidad de un manejo diplomático de las relaciones y respeto por las dinámicas internas sin injerencia. En lo inmediato, el mejor escenario sería un acercamiento y reestablecimiento de los vínculos que permiten un diálogo a pesar de las diferencias político-ideológicas.

Para ello, una de las propuestas para mejorar las relaciones conflictivas[45] ha sido el tomar en consideración los aspectos no-militares de la agenda de seguridad, incluyendo el fomento de programas de desarrollo en el ámbito rural, el fortalecimiento de la protección de los derechos humanos, el establecimiento de un marco político para la resolución del conflicto y tomar en cuenta que para desmantelar el

---

[43]   Uzcátegui, Jesús (2010), "Quisiera ver disposición al diálogo y al respeto en el Gobierno de Venezuela", en *El Nacional*, Caracas, 23 de mayo, p. 10.

[44]   Vargas, Alejo (2006), *op. cit.*

[45]   International Crisis Group (2009), "Uribe's Possible Third Term and Conflict Resolution in Colombia", en *Latin American Report*, núm. 31, diciembre. Disponible en línea: www.crisisgroup.org

tráfico transfronterizo de drogas y armas se requiere políticas coordinadas entre los vecinos.

Respecto a las dinámicas fronterizas, se evidencia que los gobiernos centrales no han medido, ni parece interesarles, el impacto que tienen sus malas relaciones,[46] especialmente en el intercambio comercial, que a la larga afecta negativamente a las poblaciones de ambos lados de la frontera. Ante ello, una de las recomendaciones fundamentales[47] es que el desarrollo en la frontera debe hacerse a través de planes que sean convenidos por los vecinos por medio de "la planificación conjunta, la cooperación administrativa, la realización de actividades compartidas."[48] Para ello se hace necesario plantear regiones y sistemas binacionales así como ciudades binacionales. En este marco, se considera que la cooperación fronteriza no debe orientarse solamente a atender amenazas sino que también requiere identificar las oportunidades.

En función de ello, se considera de primordial importancia que las relaciones fronterizas no se circunscriban únicamente a las actuaciones, bien sea de los gobiernos locales y central, sino que incorporen también el papel que desempeñan otros actores. En este sentido, es importante tomar en consideración y fortalecer los mecanismos e iniciativas no-gubernamentales que desarrollan diferentes sectores económicos, sociales y políticos así como académicos, que han buscado fomentar espacios de diálogo binacionales de vecindad.

En este sentido, uno de los retos más importantes[49] para consolidar un núcleo básico de acuerdos para la vecindad, que logre superar los problemas y las diferencias o

---

[46] Sierra, Marina (2010), *op. cit.*
[47] Urdaneta, Alberto (2005), *op. cit.*
[48] *Ibíd.*, p. 233.
[49] Ramírez y Hernández (2003), *op. cit.*

perturbaciones, será ir más allá de las visiones realistas de las relaciones internacionales que predominan en ambos gobiernos, especialmente en el venezolano, que enfocan el problema limítrofe "como un asunto de defensa militar de la soberanía."[50] Aunque es importante señalar que pese a ello, en los momentos de mayor conflictividad se ha recurrido primero a los intentos de diálogos bilaterales, y si esto no ha funcionado, a la intermediación internacional, en la cual en los últimos años han jugado un papel importante terceros países latinoamericanos.

Lo principal es desarrollar y fomentar medidas de confianza y seguridad que quizá puedan formarse a partir de las iniciativas que se están planteando en el marco del CDS, que en su última reunión definió una serie de instrumentos que los gobiernos se comprometieron a adelantar. Sin embargo, habrá que ver si efectivamente se ponen en práctica, especialmente en el caso de las relaciones entre Colombia y Venezuela, que son las que más lo requieren, pero que probablemente serán los países más renuentes a aplicarlas.

---

[50] *Ibíd.*, p. 161.

México-Centroamérica:
EL FIN DE LA GEODIPLOMACIA Y LAS FRONTERAS

Raúl Benítez Manaut[51]

La difícil relación entre México y Centroamérica: antecedentes

La relación de México con América Central ha tenido muchas dinámicas de cambio, continuidad y realidades geopolíticas que la determinan. Históricamente, con la separación de la República Centroamericana de México en 1823-1824,[52] las dos naciones se distancian y en cada una las divisiones entre liberales y conservadores desarrollan cruentas guerras civiles y conflictos con los vecinos. En el caso de México, la separación de facto de Texas en 1836 y luego la guerra con Estados Unidos de 1847-1848 dividen el territorio. En América Central, la guerra entre las facciones liberales y conservadoras de las cinco provincias que la integran termina por construir cinco repúblicas independientes en 1838.

Así, México tuvo un nuevo vecino, Guatemala, con el cual prácticamente la comunicación es nula hasta la década de 1880, cuando los gobiernos liberales de Porfirio Díaz y Justo Rufino Barrios deciden encarar el problema de la delimitación de la frontera. México, durante el siglo XIX,

---

[51] Investigador del Centro de Investigaciones sobre América del Norte de la UNAM y Presidente del Colectivo de Análisis de la Seguridad con Democracia A.C.

[52] Pinto, Julio César (1993), "La Independencia y la Federación (1810-1840)", en Pérez Brignoli y Héctor (editor), *Historia General de Centroamérica*, Tomo 3, Madrid, FLACSO, Secretaría General, Editorial Siruela, p. 100.

reclamaba como suya una parte del Estado de Chiapas, conocida como el Soconusco, que en la época colonial había formado parte del territorio de la Capitanía General de Guatemala. De igual manera estaba indefinida la ubicación de la región del Petén y lo que hoy conforma el territorio de Belice. En las negociaciones para delimitar las fronteras, Chiapas y el Soconusco quedan definitivamente integrados a México. México también entabla negociaciones con Gran Bretaña. Al final del proceso, el Petén se otorga a Guatemala y Belice a Gran Bretaña. Guatemala queda resentida con México, pues los acuerdos anglo-mexicanos dejan a Guatemala sin margen de maniobra para pelear por lo que consideraba parte de su territorio, y el reclamo de este país hacia Gran Bretaña por el territorio de Belice se prolonga hasta fines del siglo XX.[53] En esta época se consolida un modelo económico agroexportador con una presencia determinante de inversionistas de Estados Unidos, con lo cual la distancia entre México y el Istmo se amplía.[54]

Durante el siglo XX, el estallido de la Revolución Mexicana aísla más a México de Guatemala y el resto de los países. Las élites del Istmo estaban preocupadas porque se propagara el virus revolucionario a favor del reparto de tierra para los campesinos. Aunque Chiapas en realidad no vivió la revolución, y el reparto de tierras fue casi nulo, el ejemplo se debía evitar. Las rebeliones de campesinos e indígenas en Centroamérica en los años 1920 y 1930, en

[53]   Benítez Manaut, Raúl y Córdova Macias, Ricardo (1989), "México-Centroamérica: percepciones mutuas y trayectoria de las relaciones (1979-1986)", en Benítez Manaut, Raúl y Córdova, Ricardo (editores), *México en Centroamérica. Expediente de documentos fundamentales (1979-1986)*, México, Centro de Investigaciones Interdisciplinarias en Humanidades, UNAM, p. 8.
[54]   Samper, Mario (1993), "Café, trabajo y sociedad en Centroamérica (1870-1930): una historia común y divergente", en Acuña Ortega, Víctor Hugo (editor), *Historia General de Centroamérica*, Tomo 4, Madrid, FLACSO, Secretaría General, Editorial Siruela.

parte estuvieron inspiradas por la Revolución Mexicana. Es el caso de Augusto César Sandino, quien había pasado por México y trabajado en los pozos petroleros de Tamaulipas. Posteriormente, la llamada "Revolución Guatemalteca" de 1944 a 1954, tuvo mucha más influencia de algunas de las políticas de la Revolución Mexicana, sobre todo en cuanto a la expropiación de propiedades a compañías estadounidenses como la *United Fruit,* siguiendo el modelo de la expropiación petrolera de 1938 en México. Este acercamiento entre México y Guatemala es efímero, debido al golpe de Estado en Guatemala de 1954. Muchos de los funcionarios guatemaltecos de ese periodo, así como intelectuales y artistas, sufren de persecución en su país y logran refugio en México, abriendo una larga etapa de relaciones muy tensas entre los gobiernos militares de Guatemala y México. Incluso se rompieron relaciones diplomáticas en 1959.

En los años 1960, los proyectos integracionistas centroamericanos también influyen en su relación con México, y por vez primera se dan acercamientos para el estrechamiento de los vínculos comerciales. México ve a la región como un mercado potencial para su industria manufacturera. Se produce la primera gira de un mandatario mexicano a la región en 1966, cuando el presidente Gustavo Díaz Ordaz visita todos los países y se implementan acuerdos de cooperación. El único país con el que no se pueden estrechar acuerdos de cooperación es con Guatemala, debido al fuerte rechazo de las clases dominantes de ese país a las posturas de México de darle asilo a los opositores políticos, e incluso, "tolerar" a los grupos armados.[55] Los factores políticos, ideológicos y estratégicos fueron separando a México en esos años de América Central. Por un lado, los conflictos armados inter-

---

[55] Alcalá Quintero, Francisco (1973), "México y su relación con el Mercado Común Centroamericano", en *Foro Internacional*, México, núm. 54, octubre-diciembre.

nos aparecían en Guatemala y Nicaragua, y ello llevaba a los gobiernos militar-dictatoriales a poner énfasis en su represión. En México, de igual manera, el ascenso del movimiento estudiantil de 1968 insertó al país en la lógica de la Guerra Fría. Sin embargo, a inicios de los años 1970, con el cambio de gobierno de México, la llegada al poder del presidente Luis Echeverria implicó un distanciamiento intergubernamental, por el acercamiento de éste al gobierno socialista de Chile, a Cuba, y en general a posiciones "tercermundistas". En realidad, los países de América Central nunca fueron vistos como importantes para la diplomacia mexicana, siempre focalizada en sus relaciones con Estados Unidos.[56] El único acto importante de la diplomacia de México fue integrarse a los esfuerzos de la Organización de Estados Americanos (OEA) para lograr un armisticio en la guerra entre El Salvador y Honduras en 1969. Posteriormente, en los primeros años de la década de 1970, por México empezaron a transitar dirigentes de las guerrillas nicaragüenses y principalmente guatemaltecas, buscando no sólo refugio sino además dirigirse hacia Cuba. Asimismo, el incremento de la polarización política en la región llevó a México, de forma gradual, a expresar sus simpatías hacia los movimientos revolucionarios. Esto se expresó principalmente con el respaldo a la guerrilla nicaragüense, al igual que lo hicieron muchos gobiernos del continente como los de Costa Rica, Panamá, Venezuela y Cuba, entre otros. A fines de los años 1970, México inició una activa diplomacia en la región, abiertamente enfrentada con los gobiernos de Nicaragua, Guatemala, El Salvador y Honduras, y comienza una actividad geopolítica inusitada, tratando de construir una esfera de influencia alternativa a la de Estados Unidos.[57]

---

[56]   En el libro considerado *clásico* sobre la política exterior de México esto es claro. Ver Ojeda, Mario (1972), *Alcances y límites de la política exterior de México*, México, El Colegio de México.

[57]   González, Guadalupe (1983), "Incertidumbre de una potencia media regional: las nuevas dimensiones de la política exterior mexicana", en

México: Centroamérica como espacio geodiplomático

Por vez primera en la historia, la profunda crisis política de los países centroamericanos da la oportunidad a México de tener un área geopolítica de influencia. La llegada al poder de la revolución sandinista en Nicaragua, en 1979, le ofreció la posibilidad de tener iniciativas propias, sobre todo de esfuerzos de pacificación; pero también México entró en competencia con otros poderes con amplia actividad geopolítica y hasta militar, como Estados Unidos, la Unión Soviética y Cuba, que vieron al Istmo en los mismos términos: Estados Unidos para evitar el incremento del poder de los movimientos revolucionarios, principalmente en El Salvador y Guatemala, y la Unión Soviética (URSS) y Cuba para que el nuevo gobierno de Nicaragua y los movimientos Frente Farabundo Martí para la Liberación Nacional (FMLN) de El Salvador y Unión Revolucionaria Nacional Guatemalteca (URNG) pudieran acceder a él.

México no pudo competir con la asistencia económica y con los respaldos gubernamentales que ofrecían Estados Unidos a sus aliados, y Cuba y la URSS a los suyos. Sólo le quedó la esfera de la diplomacia y el activismo geopolítico buscando opciones que no se circunscribieran a la cooperación militar, por lo que se puede afirmar que fue un esfuerzo que se centró en la *geodiplomacia*. La *geodiplomacia* se distingue de la geopolítica porque no incorpora la dimensión militar y no tiene los recursos económicos suficientes para convertirse en una influencia geoeconómica sostenida. Una de las acciones *geodipomáticas* más importantes de México se dio en 1979, al reconocer el proceso de independencia de Belice, lo que llevó a graves

---

Pellicer, Olga (editora), *La política exterior de México: desafíos en los ochenta*, México, CIDE.

tensiones con el gobierno militar de ese país, que reclamaba la soberanía sobre la ex colonia británica.

La postura activa mexicana hacia América Central fue vigente entre 1980 y 1996. México logró sumarse y en algunos momentos encabezar esfuerzos de la Organización de Naciones Unidas (ONU), los gobiernos europeos, Canadá, y los esfuerzos de los países de América Latina que en esos años transitaban hacia procesos de democratización. El primer acto *geodiplomático* mexicano fue la declaración franco-mexicana de reconocimiento del FMLN salvadoreño como "fuerza política representativa" en agosto de 1981. Esta nueva postura también se desprendió por el incremento de los grupos insurgentes guatemaltecos y salvadoreños, y la percepción de que estaban afectando la seguridad nacional de México. Principalmente fue causa de gran fricción la política de contrainsurgencia del ejército guatemalteco contra gran cantidad de poblados indígenas, donde sus habitantes cruzaban la frontera y buscaron refugio en Chiapas, lo que generó una inusitada presencia del Alto Comisionado de las Naciones Unidas (ACNUR).[58]

En 1982 se produce una grave crisis económica en México y en la mayoría de los países de América Latina, conocida como crisis de la "deuda externa". Ello limitó la posibilidad de que el activismo en América Central tuviera contenido económico. Sin embargo, la diplomacia mexicana había avanzado en sus relaciones con un grupo de países afectados por la crisis del Istmo, y se conforma el Grupo de Contadora en enero de 1983, integrado por los gobiernos de México, Panamá, Venezuela y Colombia. Algunos lo denominaron "diplomacia de sobrevivencia", o "activismo

---

[58]   Aguayo, Sergio (1985), "La seguridad nacional y la soberanía mexicana entre Estados Unidos y América Central", en Ojeda, Mario (compilador), *Las relaciones de México con los países de América Central*, México, el Colegio de México, p. 52.

inevitable", sobre todo por la fricción que causaba con las políticas de Estados Unidos y Cuba, actores empeñados en las salidas militares.[59] Contadora se fortaleció por su ampliación, primero como Grupo de Apoyo, con la presencia de países como Argentina, Brasil, Perú y Uruguay, esfuerzo que después se integró como *Grupo de Río,* conformado en 1985, dándole un importante liderazgo a México para respaldar la propuesta del Grupo de Contadora.[60] Sin embargo, a mediados de esa década es cuando fue más activa la actividad militar de los grupos armados insurgentes, a favor de colapsar los gobiernos de derecha y pro militares en Guatemala y El Salvador, y buscando el derrocamiento del gobierno de Nicaragua a través de los grupos contrarrevolucionarios respaldados principalmente por Estados Unidos. El esfuerzo de Contadora culminó en 1986 sin la firma del Acta de Paz, y el proceso inició otro rumbo, con esfuerzos de concertación impulsados por los propios países de América Central, que se concretaron con los esfuerzos de Esquipulas.[61]

El grupo de Esquipulas, iniciado en 1987 por el impulso de los presidentes de Costa Rica, Oscar Arias, y de Guatemala, Vinicio Cerezo, tuvo un desenlace similar al del Grupo de Contadora. No se concretó pero significó igualmente un gran paso en la búsqueda de alternativas a las salidas militares. Su relevancia se centró en que fue el primer esfuerzo *endógeno*

---

[59] Ver Rico, Carlos (1985), "El proceso de contadora en 1985: ¿hasta dónde es posible acomodar las preocupaciones norteamericanas?", en Muñoz, Heraldo (compilador), *América Latina y el Caribe: políticas exteriores para sobrevivir. Anuario de Políticas Exteriores Latinoamericanas, 1985,* Buenos Aires, GEL.

[60] El *Grupo de Río* todavía existe como uno de los mecanismos de concertación diplomática en el hemisferio.

[61] Córdova Macias, Ricardo y Benítez Manaut, Raúl (comps.) (1989), *La Paz en Centroamérica: Expediente de documentos fundamentales, 1979-1989,* México, CIIH-UNAM.

en el Istmo.[62] Las razones por las cuales el proceso no culminó exitosamente se vinculan a tres factores: en Guatemala, las fuerzas armadas avanzaban en el asedio a la URNG, por lo que consideraban una claudicación innecesaria firmar la paz o algún tipo de armisticio en ese momento; en Nicaragua, el gobierno sandinista de igual manera tenía éxitos importantes sobre las actividades de los insurgentes contrarrevolucionarios, por lo que no iba a detener este avance militar; y en El Salvador, todos los análisis derivaban en un equilibrio militar entre la fuerza armada y el FMLN, pero ambas partes confiaban en resolver esta situación a su favor. El FMLN lo intentó con su ofensiva militar de noviembre de 1989. Igualmente, los actores geopolíticos externos, como Estados Unidos, Cuba y la URSS, que otorgaban grandes cantidades de asistencia militar, no veían condiciones para un repliegue de sus esfuerzos. En otras palabras, tanto Contadora como Esquipulas no lograron su objetivo máximo: la paz. Pero significaron esfuerzos muy importantes de distensión que se enfrentaron en un momento dado a las superpotencias y a las estrategias militares en la región.

La paz de los años 1990: reactivación de la integración y el rol de México

Entre los países centroamericanos, el proceso de paz de Esquipulas logró un objetivo paralelo, quizá más relevante que el propio proceso de paz: la reactivación del proceso de integración del Istmo, detenida desde la guerra entre Honduras y El Salvador de 1969.[63] Este proceso se inició

---

[62]   Aguilera, Gabriel (1989), "Esquipulas y el conflicto interno en Centroamérica", en Córdova Macias, Ricardo y Benítez Manaut, Raúl, *op. cit.*

[63]   Matul, Daniel y Segura, Luis Diego (2010), "Evolución institucional de la seguridad en el marco del sistema de integración centroamericana: 1995-2009", en *Documentos CRIES*, Buenos Aires, 2010.

como la síntesis de varios esfuerzos, entre ellos la realización periódica de las llamadas Cumbres de Presidentes, lo que favoreció transitar del periodo de la guerra a la pacificación y la integración.[64] En el caso de las relaciones con México, este país promovió el establecimiento del Mecanismo de Tuxtla, que tuvo una vida activa durante los años 1990, el mismo que se intentó reactivar en el año 2000 con el establecimiento del Plan Puebla Panamá. La concertación centroamericana fue encauzándose a través de la constitución del Sistema de Integración Centroamericano (SICA), que ha construido una notable institucionalidad, aunque de todos modos ha tenido muchos altibajos.[65] Entre México y Centroamérica la distancia fue abriéndose debido a que México entabló negociaciones con Estados Unidos y Canadá para la firma del Tratado de Libre Comercio de América del Norte (TLCAN), que entró en vigencia desde enero de 1994. Centroamérica, por su parte, buscó un esfuerzo similar sólo con Estados Unidos diez años después.

México siguió siendo activo diplomáticamente en la región para colaborar en los acuerdos de paz en la década de 1990. En el desarme de los grupos contrarrevolucionarios de Nicaragua, México participó de forma marginal; sin embargo, ante los esfuerzos para coadyuvar a la paz de El Salvador y Guatemala, impulsados por la ONU, México fue un actor de primer orden.

El proceso de paz de El Salvador se reactiva después de la ofensiva del FMLN de noviembre de 1989 sobre la capital. A la par, en el mundo la geopolítica se transformaba

---

[64] Rojas Aravena, Francisco (1998), *Globalización, América Latina y la Diplomacia de Cumbres*, Santiago de Chile, FLACSO.

[65] Matul, Daniel (2006), "La Integración Centroamericana. Una mirada desde Costa Rica", en Rojas Aravena, Francisco y Solís Rivera, Luis Guillermo (coordinadores), *La Integración Centroamericana. Visiones Regionales y subregionales*, San José, FLACSO, Secretaría General, OBREAL, Editorial Juricentro.

aceleradamente, pues se dio la caída del Muro de Berlín y
se inició la crisis de la URSS. Estados Unidos transforma
drásticamente su discurso hacia ese país, reconociendo la
imposibilidad de vencer por la vía militar a la insurgencia,
y dando señales a la ONU para que fuera la protagonista de
las negociaciones. En abril de 1990 comienzan los diálogos
de paz y culminan con la firma del Acta de Paz en el Castillo
de Chapultepec, el 16 de enero de 1992. De 32 jornadas
de diálogo y negociaciones de paz, en México sucedieron
más de veinte de ellas, y el gobierno mexicano dedicó gran
cantidad de esfuerzos económicos, diplomáticos y recursos
logísticos y hasta militares para el éxito del esfuerzo. Tras la
firma se establece la misión ONUSAL, y México, de forma
inusitada, envía una misión de 111 policías a El Salvador.[66]

En el proceso de paz guatemalteco, de igual manera
la participación mexicana fue muy relevante hasta la firma
de las negociaciones de paz el 29 de diciembre de 1996.
Sin embargo, al instaurarse la misión de paz MINUGUA,
México decide no participar en ella, entre otras razones
por la condición fronteriza de Guatemala, y también porque en México la transición a la democracia mostraba
numerosas dificultades. Entre ellas estuvo el alzamiento
guerrillero-indígena protagonizado por el Ejército Zapatista
de Liberación Nacional (EZLN) el 1º de enero de 1994.[67]
Este tema llevó a que el gobierno mexicano difícilmente
pudiera impulsar una negociación de paz en un país vecino,
a la par de uno propio, en el estado del país con la frontera

---

[66]   Benítez Manaut, Raúl (1992), "Geopolítica, distensión y negociaciones
        en el Tercer Mundo: el caso de América Central", en *Anuario CIP 1991-
        1992. Paz, Militarización y Conflictos*, Barcelona, ICARIA.
[67]   Benítez Manaut, Raúl (2002), "Chiapas: crisis y ruptura de la cohesión
        social. Desafíos de la negociación hacia el siglo XXI", en Rojas Aravena,
        Francisco y Goucha, Moufida (editores), *Seguridad Humana, Prevención
        de Conflictos y Paz en América Latina y el Caribe*, Santiago de Chile,
        UNESCO-FLACSO, p. 221.

hacia Guatemala, y con algunas condiciones similares en el orden socioeconómico. El proceso de paz guatemalteco fue el último esfuerzo de México con una visión *geodiplomática* hacia Centroamérica, y en particular hacia Guatemala.

Durante la segunda mitad de la década de 1990, la crisis de Chiapas y las modalidades de resolución a través de una larga –e inconclusa– negociación, el proceso de transición a la democracia, la necesidad de superar una grave crisis económica y financiera en diciembre de 1994 con el respaldo de los Estados Unidos, y la puesta en marcha del TLCAN, donde los esfuerzos tanto del gobierno como del empresariado se centraban en hacer exitoso el comercio con Canadá y Estados Unidos, fueron aislando a México de sus vecinos del sur, con la excepción de Belice. Con este país, a raíz de su conflicto con Guatemala, las relaciones tienen una dinámica particular, ya que México es un país muy importante para los beliceños en el plano comercial y geopolítico.

En el año 2000 tienen lugar las elecciones en México, y se produce una transición profunda en el sistema político, pues el Partido Revolucionario Institucional (PRI), que había gobernado ininterrumpidamente desde 1929, acepta el reto de entregar el poder al candidato del Partido Acción Nacional (PAN), Vicente Fox. En materia de política exterior, al asumir el poder en diciembre de 2000, Fox trata de dar un giro radical. Buscó que Estados Unidos aceptara impulsar una negociación para que se cambiaran las leyes migratorias a favor del reconocimiento de los migrantes mexicanos, cuestión que repercutiría paralelamente en los centroamericanos. En septiembre de 2001, este esfuerzo ya era una empresa casi imposible.[68] Después de ello,

---

[68]   Vicente Fox realizó una visita de Estado a Washington la semana previa a los atentados terroristas. En dicha visita se consideraba imposible lograr un acuerdo migratorio.

la diplomacia mexicana congela este propósito por los
atentados del 11 de septiembre de 2001, debido al cambio
radical de la política exterior de Estados Unidos, a favor de
la seguridad de las fronteras.

Con los países de América Central, Fox anunció el establecimiento del Plan Puebla Panamá (PPP), como una
iniciativa que contemplaba la coparticipación tanto de los
gobiernos de México y América Central, como de actores privados.[69] Se pretendía firmar convenios para impulsar la idea
de corredores energéticos, autopistas y proyectos de inversión
en gran cantidad de rubros. Este intento geoeconómico se
fue desvaneciendo poco a poco por la falta de interés de las
partes (gobiernos centroamericanos e inversionistas). El
PPP fue empleado sobre todo por los organismos de financiamiento de proyectos de inversión multinacionales, por
instituciones como el Banco Interamericano de Desarrollo
(BID). Los conflictos entre México y Centroamérica, relativos
al PPP, aparecieron a raíz del debate acerca del anuncio de
la construcción de una refinería de petróleo, donde México
pondría US$ 500 millones como capital inicial. El conflic-
to giraba en torno a si esa refinería debía construirse en
Guatemala (por la cercanía con México, y por ende del traslado del petróleo mexicano), o en Panamá (por contar con la
ventaja estratégica del Canal de Panamá, y principalmente
porque ya estaban a la vista los proyectos de expansión del
Canal). En México, el debate llevó a que se decidiera que
dicha refinería finalmente debía construirse en México.[70]
Este hecho separó y aisló a México del Istmo también en
los ámbitos gubernamental y geoeconómico. Así, *de facto*,
hubo un repliegue diplomático, quedando en la región sólo

---

[69]   Las ideas preeliminares del Plan Puebla Panamá las explicitó Fox en
       una visita como presidente electo a El Salvador, a fines del año 2000.
[70]   La refinería nunca se construyó.

la presencia comercial y de inversiones de los grandes corporativos empresariales mexicanos.[71]

Por otro lado, el proceso de paz de América Central tuvo importantes impactos políticos, sociales y geopolíticos. Lo que en un principio fue visto como un éxito notable –el proceso de desmilitarización– que implicó una baja muy acelerada del gasto militar, del equipo disponible para las fuerzas armadas y del tamaño de ellas, tuvo como consecuencia no deseada ni prevista una acelerada descomposición social que llevó al incremento inusitado de la delincuencia (ver gráfico 1).

Gráfico 1
Centroamérica: gastos militares (1988-2003)

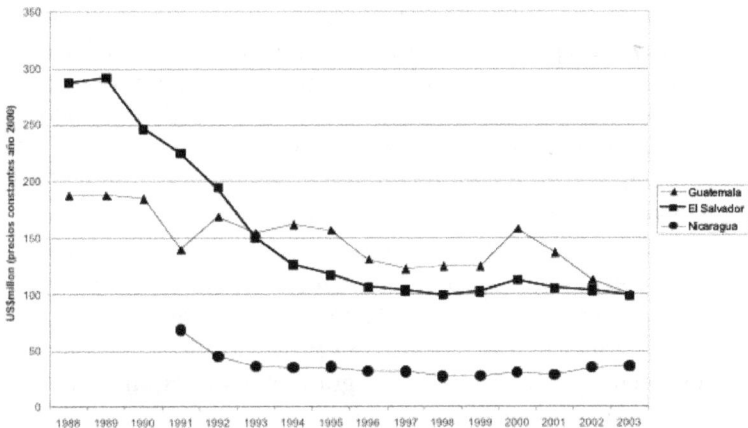

Fuente: Stockholm International Peace Research Institute (SIPRI), *Data on Military Expenditures*. Disponible en línea: www.sipri.org.
Nota: Para Nicaragua sólo hay datos desde 1991. En el caso de Guatemala, de 1988-1992 los datos son estimaciones.

---

[71]   Villafeurte Solís, Daniel y Leyva Solano, Xochitl (coordinadores) (2006), *Geoeconomía y geopolítica en el área del Plan Puebla Panamá*, México, CIESAS, Porrúa.

De igual manera, la paz no derivó en un fortalecimiento real del poder civil en el área de seguridad. En el conjunto de las instituciones involucradas en los sistemas de seguridad de los países, las instituciones se debilitaron: los ejércitos se redujeron en hombres y presupuesto; los sistemas de inteligencia civil no tienen recursos humanos ni materiales; las policías nacionales, creadas por los acuerdos de paz en El Salvador y Guatemala, y reformada y desmilitarizada en Honduras, son un fracaso en cuanto al logro de sus objetivos originales, con la notable capacidad exitosa de la Policía Nacional de Nicaragua, y de las de Panamá y Costa Rica.[72] Este conjunto de elementos derivaron en el asombroso aumento de los homicidios en los tres países del norte de Centroamérica, como se muestra en el cuadro 1, y en la emergencia de poderes paralelos criminales, que han acumulado poder económico, político o *societal* (como es el que ejercen las Maras). Estos poderes se alimentan de un contexto favorable, producto de debilidades estatales como la presente en el sur de México, y del aumento de las actividades de tráfico de personas, drogas y armas. En otras palabras, en Guatemala, El Salvador, Nicaragua y Honduras hubo una gran reforma en los niveles político y legal, respaldada ampliamente por la comunidad internacional, pero ésta no logró plasmarse en beneficios para la población, y lo que terminó por provocar fue la emergencia de la nueva amenaza con gran nivel de impunidad: el crimen organizado y común.[73]

---

[72] Los detalles país por país de esta reforma véanse en: FLACSO (2007), *Reporte del Sector de Seguridad. Centroamérica*, Santiago, FLACSO e Instituto de Estudios Estratégicos y Políticas Públicas.

[73] La emergencia del crimen común y organizado ha sido analizada a detalle en ONUDD (marzo de 2007), *Crimen y desarrollo en Centroamérica. Atrapados en una encrucijada*, New York, ONU, Oficina contra la Droga y el Delito.

Cuadro 1
Centroamérica-México: tasa de homicidios
por cada 100.000 habitantes

País	2002	2006	2009
Costa Rica	6	8	11
El Salvador	27	58	71
Guatemala	30	48	48
Honduras	51	44	67
Nicaragua	11	14	n. d.
Panamá	11	11	n. d.
Belice	33	35	n. d.
México		26,4 a)	22 b)
Promedio latinoamericano			22

Referencias: a) Cifras de 2004; b) Según Dammert esta cifra es de 14.
Fuente: Policía Nacional (2006), *Anuario Estadístico 2006*, Managua, Gobierno de Nicaragua, p. 167; Sergio Aguayo (2007), *El Almanaque Mexicano 2007*, México, Aguilar, México, p. 138; Lucia Dammert, Felipe Salazar, Cristobal Montt y Pablo González (s/f), *Crimen e Inseguridad. Indicadores para las Américas*, Santiago, FLACSO-BID, p. 40.
Nota: Las contradicciones en las cifras –por ejemplo, en las de México– provienen de las distintas fuentes consultadas.

México-Centroamérica 2001-2010:
seguridad y fronteras

Los atentados del 11 de septiembre de 2001 en Estados Unidos volvieron a *securitizar* la geopolítica global. Los avances en la creación de bloques económicos y comerciales llevaron a que los mismos, rápidamente, se constituyeran en alianzas de seguridad. En relación con las fronteras de México con Guatemala, rápidamente comenzó a hablarse de su porosidad, y cómo ello trastocaba la nueva diplomacia de seguridad. El peligro, según Estados Unidos, es que cualquier terrorista podría aprovechar las redes de corrupción usualmente utilizadas para el tránsito de personas indocumentadas, para alcanzar la frontera norte de México y lograr llegar a su país. Por ello, inmediatamente después de los atentados, Estados Unidos impulsó los llamados *Acuerdos de Fronteras Inteligentes*, firmados con Canadá en diciembre de 2001 y con México en marzo de 2002.[74] Entre México y Guatemala comenzó a negociarse la necesidad de compromisos similares, estableciéndose los grupos binacionales de seguridad conocidos como GANSEF (Grupo de Alto Nivel de Seguridad Fronteriza). En Estados Unidos inmediatamente se comenzó a hablar de una "Tercera Frontera", haciendo referencia al problema de la frontera sur de México y su vulnerabilidad.[75] Así, las dos fronteras sur de México, con Guatemala y Belice, comienzan a ser señaladas como extremadamente abiertas a las llamadas nuevas amenazas (muchas de ellas no tan nuevas), como el terrorismo internacional, las pandillas *Maras*, el narcotráfico y el tráfico de personas.[76] Por ello, los convenios entre los gobiernos tienen la finalidad de establecer fronteras reales, y no permitir que continúen siendo espacios abiertos con muy poco control gubernamental.[77]

La vulnerabilidad más notable de la frontera sur de México es la similitud en las condiciones de vida de sus

---

[74]   Peschard-Sverdrup, Armand (abril de 2003), "Mexico Alert: The Impact of the War on Iraq in Mexico", en *Hemispheric Focus*, vol. 11, Issue n. 10, Center for Strategic and International Studies.

[75]   Grayson, George (diciembre de 2003), "Mexico's Southern Flank. A Crime Ridden 'Third U.S. Border'", en *Hemisphere Focus*, vol. XI, núm. 32.

[76]   Vidal, Marco (2006), "Amenazas emergentes en la frontera México-Belice". Ponencia presentada en el *Seminario sobre Seguridad en la Frontera Sur*, Universidad de Quintana Roo, 29 de septiembre de 2006. Vidal es el Comisionado de la policía de Belice.

[77]   Ángel Castillo, Manuel; Toussaint, Mónica y Vázquez, Mario (2006), *Espacios diversos, historia en común. México, Guatemala y Belice: la construcción de una frontera*, México, Secretaría de Relaciones Exteriores / AHD.

habitantes con los países centroamericanos, y su distancia con el resto de México. Como se aprecia en el cuadro 2, el desarrollo social del Distrito Federal y Nuevo León en el norte del país, es muy superior al de Chiapas. Esto muestra una grave deficiencia en los niveles de *seguridad humana* y las capacidades del Estado mexicano para atenderla.

Cuadro 2
México: Índice de desarrollo humano nacional, Distrito Federal, Nuevo León y Chiapas

Año 2000				
Indicadores	Nacional	Distrito Federal	Nuevo León	Chiapas
Índice	0.7883	0.8775	0.8390	0.6953
Grado	Medio alto	Alto	Alto	Medio alto
Lugar nacional	---------	1	2	32
Año 2004				
Indicadores	Nacional	Distrito Federal	Nuevo León	Chiapas
Índice	0.7937	0.8830	0.8451	0.7076
Grado	Medio alto	Alto	Alto	Medio alto
Lugar Nacional	---------	1	2	32

Fuente: Elaboración propia con información del documento ONU (2005), *Informe sobre Desarrollo Humano 2004*, México, Programa de las Naciones Unidas para el Desarrollo, p. 221.

La mayoría de los analistas atribuyen el atraso, además, a la implementación de políticas sociales hacia los pueblos indígenas en general, que sería una de las causas del levantamiento zapatista de 1994. Otras causas son la similitud en la composición étnico-demográfica con la población de Guatemala en la línea limítrofe, y lo que se denomina en general la "debilidad del Estado". A ello incluso contribuyen las condiciones naturales, pues la frontera se divide en tres subregiones: la costa, la montaña (donde habita la mayoría de la población indígena) y la selva, compuesta por la Selva Lacandona del lado mexicano y El Petén del guatemalteco y beliceño. Esta frontera sólo tiene once cruces "legales": ocho en Guatemala, uno en Tabasco y dos con Belice. Mientras que las autoridades registran gran flujo ilegal de personas y mercancías en más de 100 puntos, la mayoría divididos por ríos.

Otro elemento que afecta la seguridad de la frontera sur de México es la existencia de zonas de "vacíos de poder" geográfico-políticos, vinculada a la debilidad estatal. La más importante de ellas es la amplia región en la selva Lacandona, despejada tras los acuerdos con el EZLN en 1994. En esta región, el Estado mexicano y sus recursos se retiran, y el EZLN no puede realizar "acción de Estado", lo que afecta la seguridad de los habitantes de dicha región. Además, al ubicarse parte importante en la línea fronteriza, se acopla a un vacío de poder similar en las áreas fronterizas selváticas guatemaltecas de El Petén, Quiche, Huehutenango y Alta Verapaz. En El Petén, la mayoría de los informes de la guerra al narcotráfico registran en los últimos años un inusitado flujo de drogas, y también es donde se sostiene que han ingresado grupos criminales como los Zetas mexicanos, incorporando a su actividad el flujo ilegal de personas. En el caso mexicano, el ascenso súbito de los homicidios vinculados a los carteles del narcotráfico hace que dicha tasa haya aumentado notablemente en los últimos cuatro años. En el año 2007 fueron 2,275; en el 2008 fueron 5,207; en el 2009 fueron 6,587; en el 2010, desde enero al 17 de septiembre, fueron 8,427.[78]

Uno de los elementos notables de descomposición social de América Central, producto de la transición "fallida" mencionada anteriormente, es la naturaleza mutante de las actividades criminales. La aparición de pandillas altamente

---

[78]   Ejecutómetro del periódico *Reforma*, Suplemento *Enfoque*, "Parte de Guerra", pp. 8-9.

peligrosas, que construyen una subcultura y un mundo paralelo, ha desatado un gran pánico "societal". Las Maras, según algunas estimaciones, llegan a tener aproximadamente 70.000 integrantes en Guatemala, Honduras y el Salvador, y agregan a su actividad delincuencial la ya existente del crimen común tradicional, y las nuevas modalidades del crimen organizado, al que se vinculan.[79] Esta nueva realidad se vuelve mucho más transnacional en su dimensión de amenaza y se agrega a los tres tráficos: personas, armas y drogas, transformándose la seguridad de Centroamérica y México en un factor íntimamente asociado debido a la porosidad de la frontera México-Guatemala-Belice, y en general a una ausencia de política exterior de México, que deriva en un vacío en sus políticas hacia América Central.

Cuadro 3
Estimado de Maras en Centroamérica. 2005

Guatemala	14.000
Honduras	40.000
El Salvador	10.000
Nicaragua	4.500
Costa Rica	2.600
Panamá	1.300
Belice	100
Total	72.500

Fuente: Instituto Tecnológico Autónomo de México. Disponible en línea: http://interamericanos.itam.mx/maras

---

[79] Ver los documentos del proyecto de investigación "Proliferación de pandillas juveniles en un contexto de alta transnacionalización en la subregión Centroamérica, México, California y Washington", y de la "Red Transnacional de Análisis sobre Maras", desarrollado por el Instituto Tecnológico Autónomo de México (ITAM), entre 2005 y 2007. Disponible en línea: http://interamericanos.itam.mx/maras/

Otro de los fenómenos que se esperaba que se redujera con los procesos de paz de los años 1990, y que, por el contrario, ha aumentado considerablemente, es el de la migración hacia Estados Unidos cruzando a través de México. Ello se debe a que una de las expectativas de los procesos de paz era que mejorarían las precarias condiciones de vida de la población, en parte por la desmilitarización de los presupuestos del Estado (que los debería reorientar hacia el sector social), situación que no se ha dado en el Istmo. A esto se agrega el incremento de los fenómenos naturales altamente destructivos, como los hidrometeorológicos, que obligan a la población a migrar, básicamente por la destrucción de viviendas y cultivos, como fue el caso del Huracán Mitch en 1998.

La migración de gente humilde en busca de oportunidades envuelve una extensa red de actividades criminales paralelas. Los actores criminales son los intermediarios y los funcionarios coludidos a ellos en todos los países. Los migrantes son las víctimas. La migración se da de forma individual y en pequeños grupos, y se vincula a mafias de traficantes relacionados a funcionarios de gobierno, policíacos, aduanales, migratorios e incluso militares. También se integra con redes de transportistas, propietarios de restaurantes y dueños de propiedades para ser empleadas como casas de seguridad. En estas redes están involucrados, según numerosos organismos internacionales y gubernamentales como la Organización Internacional para las Migraciones (OIM) y el Instituto Nacional de Migración (INM) de México, funcionarios de nivel local de El Salvador, Honduras, Guatemala y México, principalmente. No obstante, producto de la creciente seguridad observada en la frontera entre México y Estados Unidos, y por las políticas migratorias cada vez más restrictivas en este país, se dificulta el tránsito y aumenta el riesgo para el migrante, acrecentando la ganancia criminal y la corrupción gubernamental.

Por lo anterior, parte de estos migrantes deciden quedarse en México. Hasta el año 2000, se había dado una migración de 1.100.000 personas provenientes de Centroamérica en Estados Unidos. El 90% llegó a partir de los conflictos de los años 1980, aunque también influyeron causas socioeconómicas.[80] Por la dificultad de la travesía, cada vez es más difícil transitar de forma individual, y se necesita el empleo de traficantes profesionales. Los más pobres intentan la travesía por cuenta propia, buscando empleo temporal en el trayecto, y muchas veces se quedan en México por no poder continuar, en parte debido al pago y obstáculos que se encuentran en el camino, como por ejemplo las extorsiones. Según el *Pew Hispanic Center*, en el año 2005 había casi 42.000.000 de hispanos residiendo en Estados Unidos, siendo provenientes de El Salvador la comunidad centroamericana más numerosa, como puede observarse en el cuadro 3.

Cuadro 3
Hispanos en Estados Unidos. 2005

Nacionalidad	Cantidad	% del total de hispanos
Mexicanos	26.784.268	63,9
Puertorriqueños	3.794.776	9,1
Cubanos	1.462.593	3,5
Dominicanos	1.135.756	2,7
Costarricenses	111.978	0,3
Guatemaltecos	780.191	1,0
Hondureños	466.843	1,1
Nicaragüenses	275.126	0,7
Panameños	141.286	0,3
Salvadoreños	1.240.031	3,0
Otros centroamericanos	99.422	0,2

Fuente: Pew Hispanic Center Tabulations of 2005 American Community Survey, Washington DC, 2005.

---

[80]   OIM (junio de 2000), *Migrant Trafficking in Central and North America*, Ginebra, International Organization for Migration.

De estos casi 42.000.000 de hispanos, 25.000.000 nacieron
en Estados Unidos, y casi 17.000.00 nacieron en el extranjero.
Así, si de los migrantes nacidos en el extranjero el 70% a su vez
emigró empleando redes criminales, quiere decir que para
realizar el viaje al norte fueron víctimas de organizaciones
criminales alrededor de 2.000.000 de personas en los últimos
veinticinco años. El gobierno mexicano tiene una política
similar a la de Estados Unidos en relación con la población
migrante indocumentada, intentando frenarla principalmente
en la frontera, y deportando a aquellos capturados una vez
que lograron cruzarla exitosamente. Asimismo, sin mencio-
narlo explícitamente, esta política identifica a la migración
con la seguridad. Esto es evidente con las deportaciones de
centroamericanos hacia sus países de origen. Los deportados
son los centroamericanos que fracasaron en el intento de
atravesar México, como se muestra en el cuadro 4.

Cuadro 4
Deportaciones y expulsiones de México 1990-2006

Año	Total de expulsiones	Expulsiones de Centroamericanos a)	
		Número	Porcentaje
1990	126.440	122.436	96,8
1991	133.342	130.116	97,5
1992	123.046	118.849	96,5
1993	121.925	117.728	96,5
1994	113.115	110.499	97,6
1995	105.940	101.334	95,6
1996	107.118	104.224	97,3
1997	85.588	83.710	97,8
1998	111.572	108.886	97,6
1999	125.238	120.143	95,9
2000	157.137	153.180	97,5
2001	138.891	133.052	95,8

Año	Total de expulsiones	Expulsiones de Centroamericanos a)	
		Número	Porcentaje
2002	110.573	106.168	96
2003	178.519	174.578	97,8
2004	211.218	204.207	96,7
2005	235.297	226.205	96,1
2006	179.345	174.266	97,1

Referencia: a) Incluye ciudadanos de Guatemala, Honduras, El Salvador y Nicaragua.
Fuente: Elaboración de Natalia Armijo Canto a partir de los datos del Instituto Nacional de Migración. Coordinación de Planeación e Investigación. Subsecretaría de Población, Migración y Asuntos Religiosos, "Expulsiones y rechazos", en *Estadísticas Migratorias*, 1996, 1998, 2000, 2001 y 2002 (para los datos 1990-2001). Los datos para los periodos 2002-2006 se consultaron en la página electrónica del INM. Disponible en línea: www.inm.gob.mx

Como nuevos asuntos emergentes de seguridad, además de la aparición, el crecimiento y la diseminación de las *Maras* como fenómeno criminal, y de la migración indocumentada de origen social, se debe añadir el creciente empleo de grupos criminales producto de las dificultades para el paso "individual" de las fronteras entre México y Guatemala y entre México y Estados Unidos por parte de los migrantes. A ello se agrega el narcotráfico como factor que sin duda está afectando la seguridad en las fronteras con mayor intensidad.

Según fuentes de Estados Unidos, el 88% de la cocaína que ingresa a su territorio transita por el corredor de América Central y México; el 50% por el océano Pacífico, y el 38% por las costas del Atlántico centroamericano y Golfo de México.[81] El negocio criminal principalmente

---

[81] UNDCCP (2008), *World Drug Report 2007,* New York, United Nations Office for Drug Control and Crime Prevention.

está en el tráfico, pero como consecuencia del control de
fronteras implantado en los últimos años para el combate
al terrorismo, las mafias tratan también de crear mercados
de consumidores en México y Centroamérica. En otras palabras, el origen del fenómeno está principalmente –pero
no exclusivamente– en Estados Unidos, pero la responsabilidad es colectiva, debido a que el fenómeno se interioriza
y afecta a todos los países y sus poblaciones, tal como se
observa en el cuadro 5.

Cuadro 5
Consumo: prevalencia anual de abuso de drogas
(En relación con la población total)

Centroamérica	Cocaína	Cannabis	Anfetaminas	Ecstasy
Panamá	1.2 (2003)	4.0 (2003)	0.6 (2003)	0.4 (2003)
Guatemala	1.2 (2003)	9.1 (2003)	0.7 (2003)	0.2 (2003)
Belice	0.7 (2002)	6.7 (2003)	---	0.2 (2003)
Honduras	0.9 (2005)	1.6 (2002)	0.6 (2003)	0.2 (2003)
Nicaragua	1.0 (2003)	2.2 (2002)	0.8 (2003)	0.1 (2003)
El Salvador	2.5 (2004)	5 (2004)	0.6 (2003)	0.1 (2003)
Costa Rica	0.4 (2000)	1.3 (2001)	1.0 (2000)	---
Norteamérica				
Estados Unidos	2.8 (2004)	12.6 (2004)	1.5 (2004)	1.0 (2004)
Canadá	2.3 (2004)	16.8 (2004)	0.8 (2004)	1.1 (2004)
México	0.4 (2002)	1.3 (2002)	0.1 (2002)	0.01 (2002)

Fuente: Elaboración propia a partir de *World Drug Report 2007*, New
York, United Nations Office for Drug Control and Crime Prevention,
2008, pp. 385-390.

Los narcóticos provenientes de América del Sur o de
países fuera del continente, hacen del Istmo un corredor
hacia México, Estados Unidos y Canadá. Por Centroamérica
se comercian aproximadamente 450 toneladas de cocaína
por año, equivalente al 90% de la consumida en Estados
Unidos, la mayor parte de ella dominada por los cárteles

mexicanos. Esta droga ingresa principalmente por la vía marítima o aérea, siendo menor el tránsito por tierra. Sin embargo, debido a la implementación de la Iniciativa Mérida, que tiene un ambicioso programa que en su primera fase (2008-2010) incluyó US$ 1.505,3 millones en asistencia a México, se estima un incremento de los tránsitos terrestres vía la frontera México-Guatemala, por el cierre de las vías aéreas y principalmente las navales en las costas mexicanas del Pacífico Sur y de la Península de Yucatán.[82] Este fenómeno se asocia directamente al del tráfico de armas y al aumento de los homicidios en México, Guatemala, Honduras y El Salvador. En América Central, debido al rápido ascenso de los homicidios relacionados con los cárteles en México, se teme de una *mexicanización*, que significa una penetración de los cárteles mexicanos del Pacífico y los Zetas, principalmente a Guatemala. Todo esto hace que la frontera de México con Guatemala, y en general con Centroamérica, de nueva cuenta, como en los años 1980, se ha vuelto una *frontera de seguridad*.

Reflexiones finales

En la década de 1980, la relación de México y Centroamérica estuvo determinada por las preocupaciones de seguridad de México y por el estallido de los conflictos civiles y su probable expansión geopolítica. Para México, las razones de seguridad nacional determinaron la *geodiplomacia*. En la última década del siglo, se pensaba

---

[82]   La Iniciativa Mérida también incluye a los países de Centroamérica y el Caribe, pero con cantidades mucho menores. Ver Ribando Silke, Claire y Finklea, Kristin M. (2010), *US-Mexico Security Cooperation: the Merida Initiative and Beyond*, Washington DC, Congressional Research Service, 16 de agosto de 2010, p. 7. Se solicita para el año fiscal 2011 la cantidad de US$ 310.000.000.

superada esa fase, se abrieron los canales diplomáticos para la resolución de los conflictos, se procedió a la democratización de los regímenes políticos tanto de México como de los países del Istmo, y se constituyó el SICA como mecanismo de integración. En otras palabras, se pensaba superada la geopolítica por la geoeconomía, la integración y la democratización. Estos esfuerzos cambian de rumbo después de los atentados del 11 de septiembre de 2001, observándose una brusca mutación de la geoeconomía a la geopolítica, ahora enfocada en colaborar con Estados Unidos en la guerra contra el terrorismo, que entre México y Centroamérica significó el cooperar entre los gobiernos para dar seguridad a las fronteras.

En otras palabras, se pasa de la presencia y la *geodiplomacia* activa de los años 1980 e inicios de los 1990, a un abandono gubernamental y a que la verdadera relación la entablen los actores privados, paralelo a la securitización de las fronteras. Los problemas asociados a las Maras, al narcotráfico y en general a la seguridad de la frontera, agregan una actividad criminal en ascenso sin precedentes contra los migrantes de América Latina, principalmente de Centroamérica. El momento crítico se dio en agosto de 2010, cuando 72 migrantes fueron ejecutados en Tamaulipas.

Al tiempo, en los últimos quince años, se da un repliegue de México en su política hacia América Latina, de manera simultánea con el ascenso de una actividad geopolítica expansiva de países como Argentina, Brasil, Venezuela, Chile, Uruguay y otros. México constantemente ha expresado una negativa a su participación en operaciones de mantenimiento de paz de la ONU. En los años 2004 y 2005 la ONU intentó convencer a las autoridades mexicanas para que contribuyeran a la misión MINUSTAH de Haití. Países como Guatemala mantienen una presencia en ese tipo de misiones diplomáticas, lo que aleja a México de preocupaciones de seguridad de otros países del hemisferio. Este alejamiento de México se ha expresado en el nivel de disminución de sus capacidades para influir o contribuir a la solución de crisis políticas en otros países, como fue el caso de Honduras desde mediados de 2009. Otros países tienen una diplomacia mucho más activa que *de facto* desplazan a México. Por ello, es viable sostener que la influencia geopolítica de México en el hemisferio, incluso en los países vecinos de América Central, se ha reducido, comparándola con la de los años 1980 y 1990. La única excepción se da en el ámbito de la seguridad, a raíz de los atentados del 11 de septiembre, y por la aparición de fenómenos delincuenciales como las llamadas Maras, así como la presencia creciente del narcotráfico. En esta dimensión, con Guatemala y el resto de los países centroamericanos, las relaciones de seguridad son estrechas, a pesar del descenso de la intensidad en otros ámbitos.

La actividad del crimen organizado en la frontera entre Costa Rica y Panamá

Sergio I. Moya Mena[83]

Desde hace algunos años, Costa Rica ha experimentado un cambio cualitativo en cuanto a las manifestaciones de la criminalidad. La complejidad de los fenómenos delictivos y el aumento en los niveles de violencia, vienen planteado la necesidad de considerar al crimen organizado como una expresión del fenómeno delictivo que, por ser más estructurado, contar con sofisticadas vinculaciones internacionales y hacer uso de la fuerza y de la corrupción, merece, tanto un tratamiento particular y específico por parte de las autoridades, como una estrategia integral de seguridad.

La presencia del crimen organizado en el país se hace cada día más y más evidente con la penetración de los carteles de la droga mexicanos, el aumento de los decomisos de cocaína y los asesinatos por encargo, así como el descubrimiento de nuevas y cada vez más complejas redes de trata de personas. Estas son actividades criminales que acontecen regularmente en las zonas fronterizas.

Varias condiciones hacen de Costa Rica un país particularmente vulnerable a la amenaza del crimen organizado: un territorio pequeño de apenas 51.100 km2, con costas extensas y poco vigiladas, escasos efectivos policiales y sin preparación necesaria, que además no cuentan con

---

[83] Coordinador del Proyecto Enlace Académico Centroamericano de FLACSO.

los medios tecnológicos y logísticos, entre otras. A esto se debe sumar el hecho de que los temas de prevención del delito y de seguridad pública son a menudo considerados como un gasto y no como una inversión que eventualmente permitirá tener mejores niveles de *segurabilidad*.

Si bien es difícil contar con una "radiografía exacta" del crimen organizado, las más altas autoridades judiciales costarricenses consideran que se trata de un fenómeno relativamente muy grave, ante el cual el país no está debidamente preparado. Es parte –como lo afirma el ex Fiscal General Francisco Dall'Anese– de un estado "de negación constante. Se dice que nada va a pasar, que son hechos aislados y no hay crimen organizado. No tenemos por qué pensar que Costa Rica tiene una esfera de protección divina; lo que pasa en América Latina también sucede aquí".[84]

La criminalidad organizada en la frontera entre Costa Rica y Panamá

Las fronteras son consideradas el "talón de Aquiles" de los Estados en cuanto al control de las actividades criminales, lo cual resulta especialmente evidente en el caso de las fronteras centroamericanas y en particular la frontera entre Costa Rica y Panamá. Esta frontera fue legalmente definida mediante el tratado de límites Echandi Montero-Fernández Jaén de 1941, que dio fin a un tenso diferendo que incluyó una guerra entre los dos países en 1921, conocida como la Guerra de Coto, y la intervención diplomática de los Estados Unidos.

---

[84]   "Hasta ahora el país toma conciencia de lo que pasa", en *Al Día*, San José, Costa Rica, jueves 10 de enero de 2008.

Vulnerabilidades qua facilitan la acción del crimen organizado

Las características geográficas de la frontera entre Costa Rica y Panamá representan tanto un problema para las autoridades como para los moradores, pues la línea limítrofe –que se extiende por 363 kilómetros– atraviesa la zona montañosa más alta y de difícil acceso tanto en Costa Rica como en Panamá. La frontera presenta además problemas en su demarcación, que crea confusiones entre los habitantes de ambas naciones. Dicha demarcación fronteriza se ha visto dificultada por falta de regulación y presupuesto.

En la frontera existen tres pasos legales: Paso Canoas, San Marcos (Río Sereno) y Sixaola, que cuentan con la presencia de autoridades migratorias, policiales y de sanidad. Sin embargo, existe una gran cantidad de pasos no habilitados o "puntos ciegos", como vías secundarias, trochas, ríos y playas donde no hay presencia policial ni restricciones para la circulación, incluso de vehículos. Todas estas condiciones hacen de la zona un área que se presta para cualquier tipo de actividad ilegal, desde el contrabando de artículos de lujo, hasta el tráfico de drogas, armas y personas.

Desde el punto de vista político-administrativo, la frontera con Panamá abarca dos provincias, Limón y Puntarenas, y cuatro cantones: Talamanca, Golfito, Corredores y Coto Brus. Se trata de municipios que se ubican en las últimas posiciones en cuanto a desarrollo humano, según el Índice de Desarrollo Humano Cantonal (IDHC). De hecho, el cantón de Talamanca se sitúa en el último puesto, y los otros tres cantones en una posición medio-baja, que implica rezagos significativos en desarrollo humano.[85] Las vulnerabilidades socioeconómicas

[85]   Programa de las Naciones Unidas para el Desarrollo (PNUD) (2007), *Atlas del desarrollo humano cantonal de Costa Rica 2007*, San José, Universidad de Costa Rica, PNUD, p. 36.

no son sinónimo en sí mismas de crimen organizado, pero como afirma Francisco Rojas Aravena, éste se beneficia de las vulnerabilidades que explican en buena parte la pobreza, las profundiza y las vuelve en muchos casos irreversibles.[86]

Estas vulnerabilidades geográficas y socioeconómicas resaltan la necesidad de contar con un eficaz control de la frontera y los territorios aledaños, pero las autoridades policiales y judiciales costarricenses no están en condiciones de enfrentar ese desafío. La situación de la presencia policial es el mayor problema, especialmente en los tres pasos oficiales mencionados. Por ejemplo, en Paso Canoas existe un puesto policial con 72 policías –divididos en tres turnos–, de los cuales cerca de diez desempeñan cargos administrativos y disponen únicamente de una patrulla *(automóvil)*, un vehículo pick up y tres motocicletas para dar vigilancia al puesto de control fronterizo así como a la comunidad y comercios circundantes. Otro caso que evidencia el limitado control ejercido por las autoridades en la zona fronteriza es el cantón de Talamanca, donde existen apenas ocho puestos policiales para vigilar un territorio de 3.000 km2, sumamente estratégico desde el punto de vista de la seguridad.

En la gran mayoría de los casos, los policías no están adiestrados para operativos de seguridad complejos. No cuentan con conocimientos de las lenguas autóctonas (*bribrí o cabécar*), lo que dificulta la comunicación con las comunidades indígenas, y además, las condiciones de trabajo de los cuerpos de seguridad son muy malas. Casi la totalidad de las instalaciones policiales no reúnen las condiciones básicas de funcionamiento, y los equipos de transporte muchas veces son inservibles. Tampoco existen iniciativas de trabajo conjunto con la policía panameña, o por lo menos son desconocidas por los funcionarios costarricenses.

---

[86] Rojas Aravena, Francisco (2008), "Introducción", en Solís, Luis Guillermo y Rojas Aravena, Francisco, *Crimen organizado en América Latina y el Caribe*, Santiago, FLACSO-Chile, p. 9.

Las expresiones del crimen organizado
Tráfico de drogas

El narcotráfico es sin duda el principal problema del crimen organizado en Costa Rica. Al incremento en los decomisos de cocaína que alcanzaron una cifra récord de 32.000 kilos en el año 2007 (ver gráfico 1), se une el aumento en el consumo local de drogas y el crecimiento de los asesinatos por encargo o sicariato. Estos elementos están asociados al hecho de que el país es parte del Corredor Centroamericano, trayecto por donde circula el 90% de la cocaína que ingresa a los Estado Unidos.

Gráfico 1
Costa Rica: cocaína decomisada
entre 1999-2008 (en kilos)

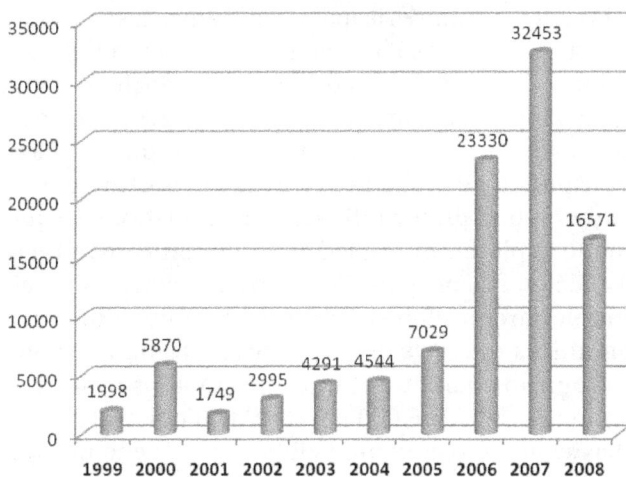

Fuente: Elaboración propia con base a información del Instituto Costarricense contra las Drogas, ICD.

Las rutas utilizadas para llevar la droga hasta su destino final implican tres modalidades: a) la *marítima*, por medio del uso de lanchas rápidas tipo "Eduardoño", que salen desde puertos colombianos como Buenaventura, el área del Chocó, o bien de puertos panameños como Armuelles, con rumbo al noroeste, ya sea Guatemala o México; b) la *aérea*, que implica el uso de los convencionales "burros o mulas" que ocultan el cargamento en su equipaje o en sus propios cuerpos, y modalidades relativamente nuevas como el uso de servicios de entrega rápida o *couriers*; y c) la *ruta terrestre*, que aprovecha la infraestructura de la Carretera Interamericana para introducir la droga en cargamentos de hasta 500 kilos, generalmente en vehículos livianos que eluden los retenes policíacos.

A partir de las estimaciones oficiales se desprende que la ruta marítima es la más significativa desde el punto de vista cuantitativo. Las lanchas de los narcotraficantes (ver mapa 1) pueden desarrollar altas velocidades y llegan a contar hasta con tres motores de 200 caballos de fuerza cada uno, así como uno más de repuesto. Pese a que disponen de una autonomía de unas catorce horas, consumen una gran cantidad de combustible, lo que a menudo implica la necesidad de abastecimientos en aguas jurisdiccionales del país. En la Costa Pacífica es notable cómo el narcotráfico se aprovecha de las dificultades económicas que vive el sector pesquero para extender sus redes: los narcotraficantes pagan a los pescadores artesanales de US$ 6.000 a US$ 10.000 dólares por cada reabastecimiento de combustible, muy por encima de los US$ 400 dólares que pueden constituir el ingreso mensual promedio de un pescador. En general, este tipo de operativos suele contar con un nivel de logística muy complejo.

La ruta marítima de la droga en los cantones costeros de la frontera sur

Osa	Aguirre	Golfito
En este cantón, que tiene aproximadamente 130 kilómetros de costa irregular, se ha detectado actividad narco en lugares como Punta Salsipuedes (cerca de la Isla del Caño), Playa Llorona, Punta Llorona, Punta San José, Violines, etc., lugares donde ocurre el abastecimiento. Bahía Ballena, desembocadura Río Uvita.	Los narcos hacen entregas en lugares como Matapalo y Palo Seco. Bocana del Río Naranjo.	Son frecuentes las capturas marítimas de embarcaciones con droga en aguas adyacentes a Punta Burica. Allí se decomisa con regularidad, no sólo lanchas con cocaína, sino también con marihuana comprimida. En este cantón se viene presentando una tendencia novedosa y es que los narcotraficantes ingresan a Golfo Dulce (*Zancudo y Pavones*), posiblemente con el fin de transportar la droga hacia bodegas.

A menudo, cuando estas lanchas rápidas sufren desperfectos en alta mar o están a punto de ser interceptadas por guardacostas, la droga es lanzada al mar y llevada por las corrientes marítimas cerca de la costa. Allí la droga puede ser "rescatada" por las bandas o definitivamente debe ser abandonada. Esto genera una subactividad delictiva: la de los "pescadores de droga", que salen a alta mar o "peinan" las playas en busca de paquetes abandonados que luego comercian tanto en el mercado local como en el internacional. Esta situación se presente tanto en la costa del Pacífico: en áreas como Playa Pavones o Playa Zancudo en la Península de Osa, o bien en el Caribe, en el área de Tortuguero.

Mapa 1

El Corredor Centroamericano

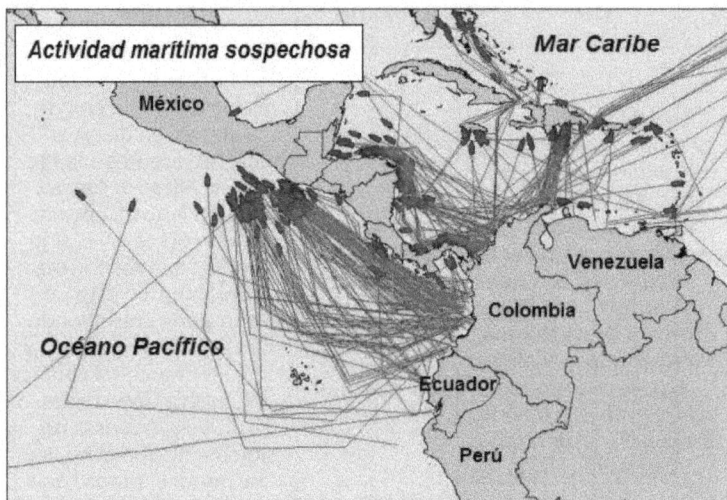

Fuente: Elaboración propia con bases a datos del Comando Sur

La droga puede ser también trasladada en semisumergibles o submarinos que miden hasta 22 metros, y en los que se puede transportar hasta seis toneladas de cocaína. Se trata de un verdadero salto tecnológico de los cárteles mexicanos y colombianos para eludir radares, pues estos submarinos que pueden viajar a baja velocidad (de 12 a 20 kilómetros por hora) tienen una autonomía de hasta 3.700 kilómetros y pueden autoabastecerse de combustible y traficar drogas por el Corredor Mesoamericano. Construidos con fibra de vidrio, navegan apenas sumergidos, lo que les permite eludir los radares. Algunas veces son reabastecidos por barcos mercantes o pesqueras.

Lancha tipo Eduardoño

Sumergible usado para el transporte de droga

En cuanto a la ruta terrestre, cabe decir que, pese a la existencia de centenares de puntos ciegos a lo largo de la frontera entre Costa Rica y Panamá, no son estos lugares los más importantes por donde se introduce la droga. El transporte masivo de cocaína por vía terrestre requiere infraestructura adecuada, y la Carretera Interamericana es la ruta más recurrente. Se trata de cargamentos de cocaína inferiores a una tonelada, siendo frecuente un peso promedio de 500 kilogramos.

La vía terrestre puede comprender varias subrutas. Parte de la droga es desembarcada en el puerto panameño de Colón y de ahí es introducida a Costa Rica, oculta en furgones que recorren la Carretera Interamericana hasta Guatemala, donde se almacena y es reenviada hasta su destino final. El mecanismo para transportar la droga es esconderla en un doble piso, en los tanques de combustibles e incluso oculta entre cargamentos de granos.

La dimensión transnacional del crimen organizado

El narcotráfico en Costa Rica está crecientemente copado por organizaciones criminales transnacionales mexicanas como el Cartel de Sinaloa, el Cartel del Golfo o Los Zetas. Como parte de una estrategia para bajar los costos de operación y aumentar sus ingresos, los carteles mexicanos incrementaron su presencia en el país haciéndose cargo del traslado de sus cargamentos, una tarea que antes desempeñaban colombianos o guatemaltecos.

Estas organizaciones han hecho del país un punto de encuentro para mercadear cargamentos de cocaína con sus socios de Colombia, y se reparten el territorio costarricense en áreas de influencia: el Pacífico es controlado por los hermanos Arellano Félix; el transporte por tierra está a cargo del Cartel de Sinaloa, y el Atlántico lo manejan los hermanos Cárdenas. Los carteles mexicanos vienen al país para recoger su mercancía o para diseñar las rutas para enviarla hacia México y Estados Unidos. Todo esto hace de Costa Rica un punto estratégico, a medio camino entre la salida de la mercancía y el punto de destino, convirtiéndose en un área clave para los carteles.

Resulta preocupante que la alta demanda por drogas en los Estados Unidos, la incidencia de las estrategias de interdicción asociadas a la Iniciativa Mérida en el norte y al Plan Colombia en el sur, han generado un desplazamiento de la actividad de los carteles hacia América Central, creando un "efecto tenaza" que termina constituyendo una grave amenaza para Costa Rica.

Asociados al tráfico de droga por vía marítima y posiblemente por vía terrestre, las autoridades vienen observando en el país dos fenómenos nuevos: el bodegaje y el sicariato. El primero implica que el país se ha convertido en destino temporal de droga que luego es reexportada hacia los mercados consumidores. Un fenómeno ligado al bodegaje es que los carteles no están pagando a las organizaciones que los ayudan en el transporte sólo con dinero, sino también con mercancía, lo cual fortalece el mercado y consumo de la droga a nivel local. Esto preocupa a las autoridades, pues en muchos casos se trata de *crack* y otras drogas muy dañinas que crean muchos problemas de violencia.

En cuanto al sicariato, se trata de un fenómeno relativamente nuevo en el país y estrictamente ligado al crimen organizado de origen colombiano. Para las autoridades, el tema del sicariato es un síntoma más de la existencia de organizaciones criminales muy fuertes, que son quienes pagan los asesinatos. En la actualidad, el sicariato se perfila como la causa de homicidios dolosos con mayor crecimiento en Costa Rica, inclusive por encima de las muertes por asaltos o violaciones.

Gráfico 2
Muertes por encargo (sicariato)
en Costa Rica. 1999-2008

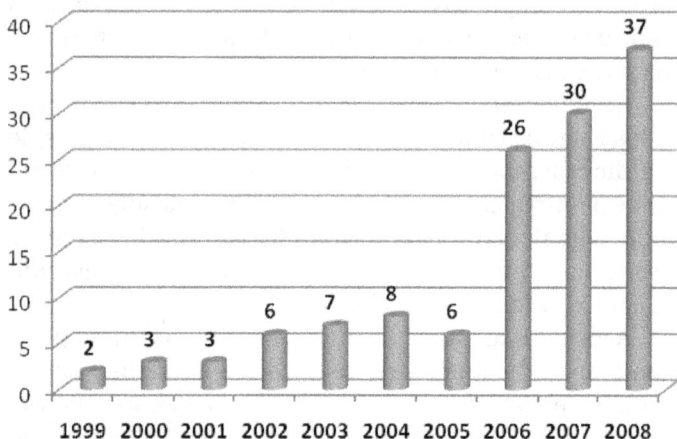

Fuente: Elaboración propia con base a datos del Organismo de Investigación Judicial.

El fenómeno del sicariato ha irrumpido también en el área de la frontera sur. Es ahora frecuente la aparición de cadáveres con señales de tortura y "ajusticiamiento" en zonas aledañas a Ciudad Neily, que según las autoridades están relacionados con el narcotráfico. Este problema inquieta especialmente a las autoridades municipales locales, pues se considera también como una forma de "intimidar" a todos aquellos que hagan –de una u otra forma– frente a la amenaza del narcotráfico.

El narcotráfico y la reacción estatal:
contención o rebasamiento

Pese a los esfuerzos realizados, el país muestra una notoria incapacidad para hacer frente al fenómeno del narcotráfico, cuyas bandas siempre van adelante en cuanto a disposición de recursos tecnológicos y capacidad logística, lo cual contrasta de forma abismal con los recursos con que cuentan los cuerpos de seguridad. Ejemplo de esto es el Servicio Nacional de Guardacostas (SNG). El 50% de las naves del SNG son obsoletas o se encuentran permanentemente averiadas, siendo necesaria una inversión de al menos US$ 30.000.000 para remozar la flota.

Las detenciones y desarticulación de bandas aumentan año tras año, pero no parece que el volumen del tráfico de drogas se vea afectado de alguna manera. Según las autoridades locales, del 2006 al 2009 se desarticularon 291 organizaciones *narcomafiosas,* de ellas 208 locales y 36 internacionales, además de 86 clanes familiares.[87]

Muchas veces, las capturas regulares de cargamentos –especialmente de cocaína– son presentadas como "señales de éxito" en la lucha contra el narcotráfico, sin embargo, a menudo estas capturas se generan en circunstancias fortuitas.

La incapacidad estatal para hacer frente al problema se explica a partir de diversos puntos de vista. Para algunos analistas, se debe a la falta de una verdadera doctrina de seguridad humana, que sirva de base a una estrategia nacional que incluya la lucha contra el narcotráfico. Para otros es la falta de recursos. Según el Ministerio de Seguridad Pública (MSP) los carteles mexicanos manejan US$ 25.000 millones por año, contra un presupuesto de US$ 85.000.000 anuales del MSP. Una perspectiva similar pero en un ámbito "micro" es la de las autoridades de seguridad locales, que deben hacer frente al problema del narcotráfico en la frontera entre Costa Rica y Panamá. Se trata de una lucha desigual; las bandas tienen tecnologías de punta y las autoridades locales equipo obsoleto y personal poco calificado.

---

[87] "Este año disminuyeron los robos, asaltos y homicidios", en *La Prensa Libre,* San José, *Costa Rica.*, 15 de diciembre de 2009. Disponible en línea: www.prensalibre.cr

Trata de personas

Costa Rica se ha convertido también en fuente, tránsito y destino para mujeres y niños víctimas de la trata con objetivos de explotación sexual comercial, y en menor medida como fuente, tránsito y país de destino para hombres, mujeres y niños víctimas de la trata en el trabajo forzado, especialmente en la agricultura, la construcción, la industria pesquera y servicios domésticos. La trata es un delito complicado y difícil de perseguir, pues al desarrollarse en muchos espacios geográficos de la región y nacionales, se capta sólo una pequeña parte de la conducta.

Identificar y atender a las víctimas es, además, un proceso complicado. Se trata fundamentalmente de mujeres de Nicaragua, Colombia y República Dominicana. En el caso de estas últimas, el motivo de la trata es casi siempre la explotación sexual. Muchas ingresan ilegalmente al país desde Nicaragua con el objetivo de formalizar un matrimonio con algún costarricense (matrimonios por poder). Otras poblaciones-víctimas son ciudadanos orientales, y recientemente africanos, cuyo ingreso al país fue detectado por las autoridades migratorias de Costa Rica desde inicios de 2008, a través de rutas que involucran a países como Brasil y Colombia.

La trata de personas en Costa Rica también hace de la frontera sur uno de los territorios clave para el ingreso de indocumentados. La mayoría ingresa por los pasos de Paso Canoas y Sabalito, a partir de los cuales se llega a rutas de acceso secundarias que les permiten evadir los puestos de seguridad.

Las respuestas estatales al problema de la trata en los últimos ocho años han sido notables, especialmente en cuanto a las reformas legales que protegen a las víctimas y cierran ciertos portillos que permitían "esconder" el fenómeno, hasta procesos de modernización tecnológica que apuntan a fortalecer la seguridad documental. Desde el gobierno se han implementado varios proyectos de prevención, protección y atención a las víctimas de la trata de personas en el país, que han contado con el apoyo de diversas organizaciones no gubernamentales (ONG). En febrero de 2009, la Asamblea Legislativa aprobó la legislación para modificar el artículo 172 del Código Penal, para tipificar como delito todas las formas de la trata de personas. Más adelante, en agosto de 2009, se aprobó una nueva *Ley de Migración* que incorpora nuevas medidas para la protección a las víctimas de la trata. Sin embargo, son necesarios esfuerzos adicionales de coordinación con gobiernos de la región (especialmente con Colombia, República Dominicana y Nicaragua). Es preciso también mejorar los mecanismos existentes en cuanto a protección y atención de las víctimas.

Tráfico de armas

Si bien en el pasado Costa Rica fue utilizada como área de paso de un caudaloso flujo de armas que se dirigía a nutrir los conflictos armados en Centroamérica, y en el Triángulo Norte del Istmo se presentan todavía condiciones propias de posconflicto, donde persiste un alto circulante de armas y municiones, la actividad del tráfico de armas en el país ha disminuido considerablemente. Además, la mayoría de los carteles mexicanos de la droga se abastece ampliamente de armas en los Estado Unidos, lo cual hace que la presión por armas en el Corredor Mesoamericano disminuya. De hecho, más del 90% de las armas decomisadas a narcotraficantes en México había sido adquirido en los EE.UU., lo que incluye no sólo pistolas sino también rifles AR-15s y AK-47.[88]

---

[88]   O'Neil, Shannon (2009), "The real war in Mexico", en *Foreign Affairs*, July-August 2009, p.70.

El tráfico de armas no es, entonces, una de las principales actividades del crimen organizado. Sin embargo, es necesario atender el problema del ingreso al país de armas pequeñas, que son traídas por importadores y armerías en procesos que están poco controlados por las autoridades.

El problema de la corrupción

La violencia es un medio al que recurren frecuentemente las organizaciones criminales para establecer un control sobre sus propios miembros, sobre sus competidores y sobre los mercados ilícitos. Pero también utilizan la corrupción para desarrollar su trabajo delictivo: corrompen a jueces, fiscales o policías para obtener información previa sobre acciones de policía o procuración de justicia, o a las autoridades de las prisiones para seguir realizando su actividad delictiva desde la cárcel o para interpretar a su favor las reglas de aplicación de las sentencias.

Entre los casos de corrupción ligados con el narcotráfico en el área fronteriza, se ha identificado la participación de jefes policiales en la Provincia de Puntarenas que encubren los operativos de descarga de drogas que llevan a cabo las lanchas de las bandas en distintos puntos del litoral pacífico. También se ha demostrado el involucramiento de oficiales del SNG que habrían suministrado información a las bandas sobre los operativos antidrogas.

La redes del narcotráfico han involucrado también ha algunos gobiernos locales fronterizos. En el caso de la banda desarticulada en junio de 2009, que traficaba cocaína a México dentro de tiburones congelados, las averiguaciones judiciales determinaron que la Municipalidad de Golfito había dado en concesión un terreno de 50 hectáreas en una isla a la esposa de uno de los sospechosos, Sigifredo

Gamboa. El otorgamiento de la concesión suscitó protestas de parte de las autoridades judiciales.

La corrupción se constituye en uno de los flancos más débiles en la lucha contra el narcotráfico y el crimen organizado en general. Las malas condiciones de trabajo, los bajos salarios y la tentación de ingresos cuantiosos resultan factores que crean condiciones idóneas para que la corrupción se desarrolle.

La cooperación internacional

Aunque en los últimos años los Estados Unidos han sido el principal cooperante en materia de lucha contra el narcotráfico, la ayuda proporcionada por ese país no es suficiente para atender todas las necesidades del país en materia de interdicción, adiestramiento, vigilancia, prevención, entre otras.

El Acuerdo de Patrullaje Conjunto con los Estados Unidos suscrito en 1999, es una de las iniciativas de interdicción que han posibilitado hacer frente al tráfico de drogas en la región. El convenio establece que las operaciones conjuntas están a cargo de guardacostas estadounidenses hispanohablantes, efectivos del SNG de Costa Rica, miembros uniformados del Servicio de Vigilancia Aérea del Ministerio de Seguridad Pública y oficiales de la Policía Contra Drogas. Sin embargo, a lo largo de los años, han intervenido también naves de la Marina norteamericana, que operan bajo las órdenes del Comando Sur de los Estados Unidos, y que participan en estos operativos gracias a permisos que cada tres meses aprueba la Asamblea Legislativa.[89] El balance del Acuerdo de Patrullaje Conjunto

---

[89]   El Comando Sur cuenta con tres fuerzas de tarea: la que opera desde Cayo Huezo, en el extremo sur del Caribe estadounidense, la base de

es valorado, tanto por las autoridades de seguridad como por las autoridades del Comando Sur, como muy positivo.

Pese a los alcances de esta y otras iniciativas, se hace necesario un proceso de concientización regional sobre la necesidad de ampliar la cooperación que América Central recibe en el marco de instancias como la Iniciativa Mérida, que privilegia a países como México y no considera con suficiente interés la centralidad que tiene el Corredor Centroamericano en la lucha contra el narcotráfico. Igualmente, se necesita profundizar los esfuerzos de vigilancia, intercambio de información y cooperación con países como Colombia, Nicaragua, Ecuador, Perú y la Unión Europea.

Conclusiones

La contundencia del reto que supone el crimen organizado en Costa Rica y especialmente en la frontera con Panamá, ha generado algunas respuestas, que aunque positivas, no terminan de generar una política integral de contención del crimen organizado. La creación de la Fiscalía Adjunta Contra el Crimen Organizado del Ministerio Público y la aprobación de la Ley contra la delincuencia organizada son pasos importantes, pero insuficientes.

A partir de experiencias como la de México, valorar la acción del crimen organizado en las fronteras como un problema de criminalidad local y no como una amenaza a la gobernabilidad es un grave error. Aunque en la frontera entre Costa Rica y Panamá no se presentan –todavía– situaciones de violencia generalizada por guerra entre bandas o carteles, el crecimiento del fenómeno del sicariato debe

---

Guantánamo, y la llamada Fuerza de Tarea Bravo, que está establecida en la base de Soto Cano (Honduras).

ser considerado por las autoridades como una grave advertencia de lo que puede pasar si los "espacios vacíos" que ha venido dejando el Estado siguen siendo aprovechados por el crimen organizado.

A partir de la deficiente presencia del Estado y de la ausencia de políticas públicas de desarrollo integral, afrontar los desafíos que presenta la frontera en materia de seguridad, implica una visión integral, que trasciende la mera responsabilidad de los cuerpos de seguridad y la dotación de medios adecuados para desarrollar sus tareas. Implica considerar elementos como prevención, planeación urbana, uso del suelo, sostenibilidad ambiental, expansión de los servicios de salud y educación, planes de desarrollo transfronterizos, etc. El enfoque holístico de la seguridad humana podría ser un perspectiva útil que permita a las autoridades nacionales y locales diseñar un nuevo marco analítico de los problemas de la frontera sur.

Definir una política integral contra el crimen organizado que trascienda los esfuerzos dispersos que se han venido haciendo en diversas instituciones del Estado es el principal reto. El fortalecimiento de la legislación es importante, lo mismo que el aumento de los recursos económicos para los cuerpos de seguridad, pero debe también incluirse el componente de la prevención del crimen organizado, ámbito donde existe un amplio rango de políticas que se podrían coordinar con los gobiernos locales.

La tradicional consideración del tema de la seguridad como algo que compete estrictamente a las autoridades centrales y al Ministerio de Seguridad, ha impedido que desde los gobiernos locales, este tema se asuma como una responsabilidad directa. Hasta el momento no hay más que débiles procesos de construcción doctrinaria sobre el rol de los gobiernos locales en el mejoramiento de la seguridad ciudadana. La incursión de los gobiernos locales en materia de seguridad ciudadana es una tarea relativamente nueva y se concentra fundamentalmente en iniciativas como la policía municipal.

Las autoridades municipales locales admiten que hay presencia del crimen organizado en sus cantones, aunque en ninguno de estos se han implementado políticas para enfrentar esta situación. La renuencia para llevar a cabo acciones dirigidas a combatir la criminalidad organizada en sus diferentes manifestaciones, obedece a distintos factores, desde la limitación evidente de sus competencias, hasta la reserva constitucional de los temas de seguridad a los cuerpos de policía con exclusividad. Además, estos municipios tienen una agenda saturada de trabajo que tiene que ver con las competencias tradicionales.

Una política integral contra el crimen organizado debe incorporar a distintos actores en el ámbito, y dentro de éstos a los gobiernos locales de forma prioritaria. Distintas experiencias internacionales demuestran la factibilidad de implementar políticas desde lo local que apunten a la prevención, recuperación de espacios públicos e infraestructura, fortalecimiento del trabajo conjunto con el Ministerio Público, etc.

Otras propuestas

Siendo amplias las vulnerabilidades, es también amplio el rango de propuestas que se pueden plantear para hacer frente al problema del crimen organizado en la frontera entre Costa Rica y Panamá. Lo fundamental es definir políticas públicas que logren aumentar las capacidades de los Estados y de las sociedades centroamericanas para enfrentar la amenaza.

- Se requiere un cambio de actitud de los formuladores de las políticas de seguridad, que han subestimado el potencial que tienen las autoridades locales fronterizas, no sólo en la formulación de propuestas sino también como socios en la prevención.

- La amenaza del crimen organizado en la frontera no se resuelve simplemente apostando más efectivos de seguridad en las calles –el caso de México es muy claro en este sentido–, pero la ausencia del Estado (en términos de presencia policial en la frontera) explica ciertamente una de las condiciones que son aprovechadas por las bandas para desarrollar sus actividades ilícitas.

- Los esfuerzos de interdicción en las áreas fronterizas deben fortalecerse facilitando la labor del SNG y de la Sección Aérea del Ministerio de Seguridad con nuevos equipos que reemplacen a las naves obsoletas con que actualmente cuenta. Esto implicaría –al menos– triplicar el presupuesto anual de esas entidades. Es necesario también mejorar la capacitación de las fuerzas de policía.

- Se requiere atender a los grupos sociales o económicos vulnerables a la penetración del narcotráfico, como los pescadores, que deben seguir recibiendo el subsidio en combustible. Aunque debe implementarse lo antes posible el sistema de posicionamiento global de las embarcaciones.

- Es necesario redoblar los esfuerzos para investigar y procesar los delitos de la trata, y asegurarse de condenar y sentenciar a los responsables de manera apropiada.

- Es preciso proporcionar mayor protección legal y asistencia a las víctimas.

- Es conveniente mejorar la recopilación de datos sobre los delitos de la trata en el ámbito hemisférico.

SEGUNDA PARTE

LA COOPERACIÓN INTERMUNICIPAL TRANSFRONTERIZA

Cooperación transfronteriza: experiencia de la Asociación de Regiones Fronterizas de Europa para América Central

Carlos Torres Jiménez[90]

Introducción

El presente trabajo tiene dos objetivos: primero, recopilar algunas experiencias exitosas en el tema de fronteras, utilizando un modelo reconocido internacionalmente, y segundo, vislumbrar algunos puntos pendientes con relación a la regiones fronterizas de América Central. Con respecto al primer punto, se introducirá y presentará la experiencia de la Asociación de Regiones Fronterizas de Europa (ARFE), organización líder en el tema de cooperación transfronteriza en Europa y que ha funcionado como motor de la integración en este continente, a partir de la consolidación de la Unión Europea. Se presentarán igualmente elementos principales del modelo europeo de fronteras y específicamente de la cooperación en esta área. Adicionalmente, el trabajo ofrecerá algunos conceptos sobre lo "transfronterizo" desde la óptica de la Unión Europea.

En forma posterior, se hará un breve resumen acerca de las fronteras de América Central. Particularmente, se busca plantear el estado de las fronteras en la región. Como conclusión, se pondrán en perspectiva algunos temas de agenda pendientes para las regiones fronterizas. En

---

[90] Gerente de Proyectos de la Fundación para la Paz y la Democracia (FUNPADEM).

especial, se dejarán planteadas algunas recomendaciones que permitan dinamizar el debate del fenómeno de lo "transfronterizo" en América Central.

1. La Asociación de Regiones Fronterizas de Europa: breve historia

Hablar de Europa, es hablar de fronteras. La historia europea se ha visto dinamizada por las luchas entre diversas potencias que pretendían, entre otras ambiciones, expandir sus fronteras con el objetivo de ampliar reinos, obtener recursos naturales y fortalecer la influencia de los imperios y de los diferentes poderes políticos de entonces. El principal punto de inflexión se produce en el periodo de la posguerra. A partir de 1945, existe una preocupación de los diferentes Estados por evitar un conflicto de la magnitud de lo ocurrido entre 1939 y 1945.

El tema de fronteras está ligado a la integración europea. Por ende, repasar el tema de fronteras pasa particularmente por dos fenómenos de la realidad europea: primero, la aceleración y el fortalecimiento de los diferentes esquemas de integración del viejo continente; y en segundo lugar, un creciente y progresivo rol de la sociedad civil.

La primera ocasión en que se discute el tema de la cooperación transfronteriza es en 1965, en el marco de la Conferencia Internacional de Planificación Regional realizada en Basilea. En el contexto de la Comunidad Económica Europea, surgió la necesidad de encontrar los mejores mecanismos para facilitar el comercio de bienes entre los diferentes Estados miembros. Importante es señalar que en este momento, la frontera es vista como un sitio de paso entre los Estados europeos. El punto de partida es la facilitación del comercio intrarregional, del cual las fronteras son percibidas como sitios de paso. Luego de esta conferencia, en el marco de la llamada EUREGIO,[91] se llevaron a cabo sesiones preparatorias para desarrollar un marco de cooperación en las regiones fronterizas.

En 1971, a partir de las discusiones de los años anteriores, nace la Asociación de Regiones Fronterizas de Europa (ARFE). Gracias al informe denominado *Cross-border cooperation in Europe* liderado por el Dr. Viktor Freiherr von Malchus, se creó un comité que eventualmente permitió que en septiembre de ese año se desarrollara una asociación con la participación de diez regiones fronterizas de Alemania, Francia, los países del Benelux, Italia, Austria y el Reino Unido. En aquel momento, liderada por Alfred Mozer, la ARFE tomó el rol de organizar el debate en torno a las fronteras en dos conferencias: la de Estrasburgo de 1972 y la Innsbruck de 1975. Dichos encuentros lograron consolidar una membresía representativa de actores transfronterizos (principalmente gobiernos locales), permitieron consensuar algunos mecanismos de cooperación entre las diferentes regiones, y más aun, lograr incorporarse como un observador activo en el proceso de integración ya delineado por la Comunidad Económica Europea (CEE).

A partir de 1975, la organización ha ido sofisticando su funcionamiento. Organizó diferentes comités, instrumentos para la cooperación e inició la facilitación de diferentes foros para el intercambio entre regiones. Dichos esfuerzos permitieron la aceptación oficial de la ARFE como observador en los órganos de integración de la CEE en 1979, hito que permite reconocer lo *transfronterizo* como un punto de agenda en la integración europea.

---

[91] EUREGIO es la nomenclatura para "Región Europea". Originalmente, constituía una asociación entre regiones fronterizas de la República Federal de Alemania y los Países Bajos. Este instrumento permitió los primeros acuerdos de cooperación transfronteriza en Europa y sirvió como punto de partida.

Un último aspecto a destacar en la historia de la ARFE ha sido el desarrollo de la delineada "Carta Europea de las Regiones Fronterizas y Transfronterizas", promulgada y aprobada en 1981. Dicha carta oficializa los principales lineamientos de política sobre las regiones fronterizas en la región, y crea los mecanismos de cooperación que a futuro se desarrollarán entre los Estados. Esa carta fue actualizada en 1995 y 2004, a la luz de la ampliación de la Unión Europea y de las necesidades de sus nuevos miembros. Esta última actualización es la base central de las diferentes acciones de la ARFE hoy.

Desde 1980, la ARFE ha desarrollado una importante experiencia y acumulación de buenas prácticas en las regiones fronterizas. Es significativo destacar los aspectos técnicos en materia de fronteras. Además de ser un ente político que representa a las regiones en los diferentes órganos de la Unión Europea, la ARFE ha desplegado una estrategia de monitoreo de las regiones en diversos ejes. Es notable cómo se desagrega la agenda temática de esta organización. Entre otros tópicos, la ARFE ha establecido históricamente trabajos en materias de transporte e infraestructura, telecomunicaciones, inversión económica (tanto municipal, como de las pequeñas empresas), manejo de desechos y otros temas ambientales conexos, y colaboración cultural. Adicionalmente a esto, se desarrolló un observatorio de fronteras que permitió verificar oportunidades de inversión para la región, recomendar mejores instrumentos y prácticas legales para la administración de los territorios fronterizos, y esquemas de coordinación para combatir los males de la criminalidad e inmigración ilegal. Constantemente, propone diversos mecanismos que facilitan la vida de aquellas personas denominadas "transfronterizas".

2. Principales elementos del modelo europeo de fronteras

En términos generales, la integración europea es la que delinea el modelo europeo de fronteras, a través de la "Carta Europea de las Regiones Fronterizas y Transfronterizas", en su versión actualizada de 2004. Dicha carta pone en práctica la visión y los principales objetivos para las fronteras europeas.

Como eje rector de la cooperación transfronteriza, el modelo europeo se basa en el establecimiento de la confianza mutua. Este pilar es esencial –reconoce la Carta– para poder afrontar los diferentes retos que atañen a estas zonas. Las fronteras son denominadas como las "cicatrices de la historias", que a su vez representan esas "piedras de construcción en el proceso de unificación europea así como puentes entre los pueblos europeos favoreciendo la convivencia entre los ciudadanos de la población europea, incluyendo las minorías."[92]

A partir de esta guía, la ARFE organiza sus acciones en dos tipos de órganos. Políticamente, cuenta con una Asamblea General, cuyo rol es elegir al Comité Ejecutivo y al Presidente. Dicha asamblea, asimismo, es responsable de verificar los miembros que ingresan a la organización y los temas de la ejecución de los fondos.

Además de la Asamblea, se encuentra el Comité Ejecutivo de la ARFE. Este órgano está compuesto por el presidente, tres vicepresidentes, un tesorero, el director del Comité Científico y veinte representantes de las regiones fronterizas. Adicionalmente, cuenta con una instancia técnica liderada por un Secretario General, cuyo rol es ejecutar

---

[92] ARFE (2004), "Carta Europea de las Regiones Fronterizas y Transfronterizas". Disponible en línea: http://www.aebr.net/publikationen/pdfs/Charta_Final_071004.es.pdf

y mantener al tanto las acciones del Comité Ejecutivo.[93]
El presidente es la máxima autoridad política de la ARFE,
particularmente ante los órganos de la integración. Es
nombrado, junto con el Comité Ejecutivo, por un periodo
de dos años reelegibles.

Lo más destacable en esta estructura es el Comité
Científico. Dicha instancia está encargada de darle seguimiento a una serie de temas de las fronteras. Compuesto
por técnicos en diferentes materias, este comité asesora
al Comité Ejecutivo en materias tan variadas como medio
ambiente, seguridad, infraestructura, cultura y desarrollo
local. Este comité es esencial, pues aporta un elemento clave
a la hora de incidir en políticas públicas fronterizas. Aquí se
desarrolla conocimiento, se compilan experiencias exitosas
y se verifican problemas a solucionar. Como órgano, tiene
la función de observatorio que permitirá eventualmente
los diferentes objetivos de la Carta de Regiones Fronterizas.

3. La cooperación transfronteriza: la visión desde Europa

La cooperación entre fronteras en Europa tiene tres
diferentes visiones: la transfronteriza, la interregional y la
transnacional. Todas estas concepciones contribuyen al
tratamiento de agendas para el desarrollo de las regiones
fronterizas. Además, permiten ordenar a los diferentes
actores del proceso de integración europea y a consolidar
una sólida agenda sobre las fronteras. Esta categorización
lleva a entender el fenómeno entre los diferentes órganos
de gobierno y su interacción entre sí.

La *cooperación transfronteriza*, en términos generales,
se refiere a aquellas interacciones, contactos, intercambios

---

[93]   Disponible en línea: www.aebr.net

y prácticas que ejecutan actores fronterizos locales con sus vecinos inmediatos de otros países. Este concepto es clave para comprender el rol de la ARFE. Lo "transfronterizo" engloba aspectos que van desde la vida cotidiana hasta cuestiones que involucran a gobiernos locales (como alcaldías o municipios). Por la naturaleza de ser la cooperación más "cara a cara", la cooperación transfronteriza es permanente. Además, es el tipo de cooperación que pasa por un trabajo más horizontal; esto es, que los diferentes actores involucrados en la frontera pueden desarrollar esquemas prácticos de apoyo, sea alcaldía-alcaldía o entre entes de la sociedad civil. Entender la cooperación transfronteriza pasa por comprender la cotidianidad. Por lo tanto es permanente, en muchos casos puntual, y se desarrolla desde una visión de vecindad. Sin embargo, a pesar de esto, la cooperación transfronteriza tiene una visión de mediano plazo, pues las interacciones entre los actores no cesan, pero a su vez son de carácter puntual sobre aspectos que conciernen al ámbito local.

En un nivel intermedio se encuentra la *cooperación interregional*. Este tipo de cooperación es particular a la autonomía que poseen las regiones dentro del esquema de la Unión Europea. Al tener capacidad de asignar recursos y establecer acciones y acuerdos, las regiones se vuelven un actor esencial en el desarrollo de las fronteras europeas. La cooperación interregional pasa precisamente por las relaciones entre estos entes jurídicos. A diferencia de la transfronteriza, es más limitada a ciertos sectores (por ejemplo, en policías regionales) y más limitada en su práctica. Adicionalmente, tiene un carácter de corto plazo. Esto se debe a que se encuentra limitada por la carencia de programas claros y restrictivos que puedan crear una agenda de integración particularmente. Este mecanismo es el que tiene más potencial de desarrollarse a futuro.

Por último, las fronteras consideran con importancia el tema de la *cooperación transnacional*. Esta es la más depurada y tradicional forma de cooperación. Se da entre Estados y tiene carácter de largo plazo. Es más conceptual y permite direccionar recursos hacia grandes iniciativas. Este tipo de cooperación es importante para las regiones fronterizas, pues aporta la capacidad de desarrollar grandes inversiones e iniciativas en estas comunidades. Al ser la agenda de esta cooperación de carácter estatal, trata temas variados y puede afectar a las fronteras de diversas formas.

Para la ARFE, la cooperación entre las regiones pasa entre estos tres tipos. Más importante e inmediata es la cooperación transfronteriza. Ante las diferentes realidades culturales de los miembros de la Unión Europea, el contacto "cara a cara" es esencial. Esto permite la coordinación efectiva en asuntos puntuales, así como la participación de actores locales (cámaras empresariales, organizaciones de la sociedad civil) a la contribución del proceso de integración.

4. América Central y sus fronteras, ¿dónde estamos?

América Central es una región de fronteras. En un espacio territorial de poco más de 523.000 km2; cerca de 136.000 km2 pertenecen a municipios en zonas fronterizas, representando el 26% del territorio de la región. Solamente en tierra la región posee diez colindancias, es decir, alrededor de 3.455 kilómetros de fronteras. Esa distancia es mayor que la frontera terrestre entre Estados Unidos y México, y casi 1.000 kilómetros más larga que otras fronteras como la existente entre Venezuela y Colombia.

Otra forma de medir las fronteras centroamericanas pasa por su diversidad. En términos sociales, a finales de la década de 1990, las regiones fronterizas de América

Central contaban con el 13% de la población de la región. Más aun, en estos municipios fronterizos se encuentra una gran cantidad de grupos indígenas y afrodescendientes. Importante es señalar que las fronteras centroamericanas constituyen las regiones más pobres de los países. Según datos del Programa de Naciones Unidas para el Desarrollo (PNUD) para 2007, sólo en Costa Rica cuatro de los siete municipios con más bajo índice de desarrollo cantonal (Coto Brus, Upala, Los Chiles y Talamanca) son fronterizos. En Panamá, tres comarcas indígenas fronterizas tienen los mayores índices de pobreza. Dichos datos son similares en los siete países del Istmo, donde se destacan los altos niveles de pobreza en las zonas fronterizas.

En términos ambientales, más del 40% de toda la extensión protegida en América Central se encuentra en las fronteras. Las principales reservas de bosque y por lo tanto de la biodiversidad centroamericana se concentran allí. Idéntica situación ocurre en relación con las cuencas internacionales: doce ríos principales y una infinidad de corrientes menores funcionan como límites entre Estados. Además, todos los límites geométricos cortan cuencas compartidas por dos o más Estados. En la región existen más de veinte grandes cuencas hidrográficas compartidas por dos o más Estados, y más del 36% del territorio centroamericano corresponde a superficies que drenan hacia cuencas compartidas.

El concepto central que tradicionalmente se ha utilizado para estudiar el tema fronterizo es eminentemente territorial. En consecuencia, sus métodos de análisis se han convertido en un obstáculo que no permite, en muchas ocasiones, ver procesos más allá de lo que acontece en los espacios identificados como fronterizos, o incluso, en un sentido más estricto, limítrofes.

El problema reside en que toda América Central constituye una región de fronteras. Todo el Istmo es un espacio transfronterizo, como ya se ha visto. De manera tal que no se puede abandonar tan fácilmente la precisión territorial como mecanismo de análisis para comprender el fenómeno fronterizo.

Hay realidades que afectan a un territorio o municipio en una región fronteriza determinada, y que no tienen que ver, necesariamente, con la interacción con municipios vecinos. Por ejemplo, el desarrollo local, social y la subsistencia de las familias del municipio de El Viejo, en Chinandega, Nicaragua, tiene menos que ver con las relaciones que mantiene con la mancomunidad de municipios de la cuenca del Golfo de Fonseca, que con los lineamientos escasos que puedan venir de Managua.

Lo mismo podríamos decir de otros municipios fronterizos del norte de Nicaragua, que dependen para su desarrollo local, para la obtención de ingresos, para las subsistencias de las familias, de lo que sucede con el desarrollo de las comunidades costarricenses. Como resultado de ello, el concepto de interacción entre municipios limítrofes está siendo desbordado por nuevas realidades que están aconteciendo en América Central.

Sin embargo, se logra observar una tendencia hacia la municipalización de este tipo de procesos, y a visualizar a los municipios como los únicos actores fundamentales del desarrollo local y del desarrollo transfronterizo. Ello no toma en cuenta la acción de otros actores como las organizaciones no gubernamentales (ONG). Se ha logrado comprobar la existencia de actores del desarrollo transfronterizo a los cuales no se les reconoce la ciudadanía. Esto quiere decir que no son actores de la sociedad civil legítimamente reconocidos, pero que tienen una participación significativa en los proceso de desarrollo local. Es el caso de los inmigrantes, de los empresarios y trabajadores del sector informal, entre otros, a los cuales se les llama indocumentados, ilegales o contrabandistas.

Es por ello que el estudio de toda la realidad de las fronteras de América Central posee gran relevancia, porque es precisamente en las fronteras donde se ve el corte, es decir, la zona donde se reconfiguran los múltiples procesos sociales y políticos que siendo de naturaleza regional, no obstante se expresan con gran fuerza en las fronteras.

La mayor parte de zonas fronterizas de América Central tienen en común la marginalidad y una situación de desventaja que les impulsa a buscar la presencia más cercana del Estado, o incluso del ejército. Como resultado de ello, muchas de las propuestas de control fronterizo son una reacción ante las presiones que reciben los diferentes municipios desde los gobiernos centrales. De manera muy especial, si se tiene presente que por los territorios fronterizos pasan buena parte de los vehículos robados, la población migrante, ya sea ilegal o legal, el tráfico de drogas y de mercancías, entre otros fenómenos.

De esta manera, se lograría advertir, de una manera mucho más clara, el concepto de *frontericidad* en las interrelaciones que se suceden en cada una de las regiones transfronterizas del área centroamericana. Este concepto, pues, permitiría hacer referencia, desde una óptica mucho más amplia, al impacto que tiene para las diferentes comunidades estar ubicadas en las cercanías del límite político entre dos Estados.

América Central entonces demuestra una gran variedad de paisajes en las zonas fronterizas: estas regiones son las que poseen una de las mayores riquezas naturales, amplia diversidad cultural y étnica, y los espacios de encuentro naturales por la integralidad de la biodiversidad encontrada en sus cuencas. A su vez, son las regiones más pobres, subdesarrolladas y las últimas en recibir algún tipo de atención estatal salvo en momentos de escaramuzas estatales. Adicionalmente, salvo algunas excepciones, las estructuras de gobierno local existentes en estos territorios son precarias y cuentan con capacidades limitadas para la acción.

5. Pendientes en las regiones
fronterizas de Centroamérica

Centroamérica, en materia de fronteras, ha tenido importantes avances. La región ha poseído en los últimos años una cantidad importante de iniciativas y proyectos que han creado capacidades, forjado conciencia e inventariado de manera no articulada las distintas ópticas de las fronteras. Por ejemplo, la Fundación para la Paz y la Democracia (FUNPADEM) facilitó y ejecutó dos proyectos: "Cooperación transfronteriza en las Fronteras Centroamericanas" y "Conflicto y Cooperación en Cuencas Transfronterizas Centroamericanas". Ambos se basan en el desarrollo de las mejores prácticas europeas y buscaron poner a las comunidades fronterizas "cara a cara" y no "espalda a espalda". Posteriormente a aquellos esfuerzos, diferentes cooperantes, organizaciones no gubernamentales y otras organizaciones han investigado y buscado abordar las fronteras desde distintas ópticas.

A pesar de diversos esfuerzos regionales por entes como el Banco Centroamericano de Integración Económica (BCIE), y del posicionamiento constante que el tema de fronteras ha tenido en las agendas entre los Estados, las regiones fronterizas cuentan con una tríada de problemas estructurales que posibilitan discusión: bajos niveles de desarrollo humano, un abandono generalizado de los gobiernos centrales y una carencia de capacidad local para poder desarrollar diferentes planes o estrategias que puedan mejorar las condiciones de vida de los pobladores.

Para optimizar una verdadera agenda de fronteras, lo primero pasa por un reconocimiento de vecindad. Esto es, desarrollar una agenda desde las fronteras y no para las fronteras. Debe haber un reconocimiento explícito de la particularidad de la frontera y de las poblaciones que habitan estos territorios. Esencial es destacar lo cotidiano de la *frontericidad*. Diversas políticas establecidas en las capitales tienen la capacidad de complejizar la vida de la frontera.

Otra lección aprendida de la experiencia europea es la necesidad de conocer bien el tema de fronteras desde lo local. Múltiples organizaciones internacionales, ONG e instituciones académicas han desarrollado diagnósticos, investigaciones o proyectos sobre las fronteras centroamericanas. Sin embargo, se carece todavía de una visión integral de las regiones fronterizas. Los estudios y conocimientos de lo fronterizo están dispersos y en muchas ocasiones olvidados. Para poder mejorar estas regiones, es necesario optimizar y mejorar esta situación.

Tercero, las regiones fronterizas deben apropiarse de los espacios de integración y locales para lograr mejoras en sus propios territorios. Si bien es cierto que los procesos de descentralización son débiles en América Central, y que las capacidades de los municipios fronterizos son poco desarrolladas, existe una oportunidad de plantear formas creativas de incidencia a nivel nacional.

Por último, es importante aprender de las experiencias de fronteras locales. Centroamérica tiene una serie de "experimentos" en materia de cooperación transfronteriza que deben ser analizados a la luz de prácticas exitosas en diferentes temas. Con el panorama visto, los siguientes son puntos que deben desarrollarse en las regiones fronterizas:

1. Es necesario realizar un inventario de todas las iniciativas que se han desarrollado en la región en materia de fronteras, con el propósito de no duplicar esfuerzos ya realizados y/o en marcha.

2. Identificar áreas de complementariedad entre proyectos-organizaciones.

3. Considerar las iniciativas de los diferentes órganos de la integración centroamericana en materia de fronteras (Sistema de Integración Centroamericana –SICA– y BCIE) y los fondos y aportaciones realizados por los donantes (Unión Europea).

Conclusiones

La experiencia fronteriza de la Unión Europea debe estudiarse en profundidad. En su modelo, se pueden encontrar una serie de experiencias, prácticas e historias de éxito para la cooperación entre Estados. A partir de la sistematización de la información en las fronteras, se estaría en condiciones de iniciar la identificación de nuevas oportunidades de cooperación en las fronteras del Istmo centroamericano.

Este conocimiento permitiría dar prioridad a los siguientes ejes temáticos: educación, migraciones, gestión negociada de los recursos naturales con énfasis en el recurso hídrico, cuencas, seguridad, emprendimientos productivos; temas todos pertinentes y especiales para las regiones fronterizas. Todos son vitales en el desarrollo de lo que han sido las regiones más débiles del Istmo. El conocimiento y la integración de estas regiones en agendas de desarrollo pueden llevar mejor calidad de vida a los pobladores de estas regiones. Si algo puede enseñar la experiencia europea, es que la cooperación en estas regiones permite mejores oportunidades para los pobladores fronterizos. Finalmente, es importante considerar que con prácticas como éstas se facilitaría particularmente los procesos de integración y la construcción de medidas de confianza, que puedan ayudar a que la región centroamericana sea más integrada, pacífica y desarrollada.

LAS CONTRIBUCIONES DE LA FUNDACIÓN DEMUCA SOBRE "TERRITORIOS, INTEGRACIÓN Y COOPERACIÓN INTERMUNICIPAL TRANSFRONTERIZA"

Mercedes Peñas[94]

Para la Fundación para el Desarrollo Local y el Fortalecimiento Municipal e Institucional de Centroamérica y el Caribe (Fundación DEMUCA), los gobiernos locales son la base del sistema político democrático y la expresión del Estado en el territorio más cercano a la ciudadanía; por lo que el fortalecimiento municipal es indispensable para fomentar la autonomía de las instituciones municipales como articuladoras de las demandas ciudadanas en acciones de desarrollo local sostenible, que se reflejen en dos líneas: la consolidación de un Estado democrático y la elevación progresiva de la calidad de vida de la población.

El mantenimiento de las asimetrías y las desigualdades en la región centroamericana y República Dominicana, ligado a las amplias transformaciones económicas, sociales y políticas operadas en el plano de lo global, refuerzan el papel de los gobiernos locales en su contribución a potenciar el desarrollo nacional, la cohesión social y territorial, además de apoyar la reducción de la pobreza en la región. Los gobiernos locales son instituciones y actores estratégicos claves para articular el desarrollo sostenible, generar iniciativas de desarrollo económico, ampliar la red de infraestructuras y de servicios y potenciar la organización y el

---

[94] Directora Ejecutiva de la Fundación para el Desarrollo Local y el Fortalecimiento Municipal e Institucional de Centroamérica y el Caribe (Fundación DEMUCA).

tejido social, dentro del proceso de integración y desarrollo de América Central y del Caribe.

La región centroamericana lleva ya varios años hablando de unidad y de integración, pero por ahora, es una realidad lejana que está avanzando muy lentamente. Será necesaria una firme voluntad política de encontrar más razones positivas que generen unidad y un frente común, y que se plantee la búsqueda de una reducción en las diferencias económicas, sociales, políticas y culturales. En esa línea, se han dado tibios avances que ya van transformando las fronteras, que van dejando de ser líneas que bloquean y limitan las relaciones multidimensionales entre los territorios y la población, para ser modelos de cooperación e integración fronteriza, superando aspectos administrativos que generaban más separación que unión.

Centroamérica está en estos momentos con una amplia agenda regional de fortalecimiento del sistema y de su institucionalidad: el reordenamiento de la Secretaría General del Sistema de la Integración Centroamericana (SG-SICA); el Plan Puebla-Panamá; la Unión Aduanera; la firma del Tratado de Libre Comercio entre Estados Unidos; República Dominicana y Centroamérica (DR-CAFTA); y el proceso de negociación del Acuerdo de Asociación entre la Unión Europea y la región (ADA). Además, el Sistema de la Integración Centroamericana (SICA) está realizando acciones para analizar la situación de las normativas regionales y la creación de políticas. El proceso de fortalecimiento del SICA, en marcha, pasa por mejorar aspectos de representación, de toma de decisiones y de disponer de un presupuesto que financie la institucionalidad regional necesaria para impulsar el proceso de integración centroamericana.

Es en este contexto que tuvo lugar el *Encuentro Regional sobre Territorios, Integración y Cooperación Intermunicipal Transfronteriza*, realizado en Guatemala a principios de junio de 2009, con el liderazgo de los programas de Fortalecimiento Institucional y de Incidencia Política de la Fundación DEMUCA, y el involucramiento de la Federación de Municipalidades del Istmo Centroamericano (FEMICA). A la hora de pensar y diseñar el encuentro regional, que había sido priorizado por las siete asociaciones nacionales de municipios, era necesario preguntarse: *¿cuál es el papel de los territorios y de los gobiernos locales en todo este proceso de integración y desarrollo de la región? ¿Cómo abordar la situación de los municipios fronterizos en este marco de integración? ¿Cuál es y cuál puede ser el papel de los municipios, de las mancomunidades y de las asociaciones nacionales para impulsar las fortalezas de estos territorios, desde la gestión local y más allá de las fronteras?*

Cada territorio tiene sus particularidades y sus potencialidades. Las fronteras suponen todo un reto para las personas que cohabitan en ellas, unidas por la cercanía y por ciertas relaciones culturales, sociales y económicas; y sin embargo, separadas por normas jurídicas, reglas administrativas y otras que contribuyen al aislamiento de estos territorios, en lugar de su integración y desarrollo.

Es necesario desde las instituciones públicas y desde la institucionalidad regional ir promoviendo una política de cooperación y de colaboración interterritorial y fronteriza, que genere una mayor decisión y acción por parte de las autoridades locales y nacionales en la búsqueda de soluciones a los problemas que se crean en las zonas fronterizas, desde una perspectiva más local, que surja de las particularidades de ese territorio y que pretenda reducir los grandes desequilibrios periféricos en aspectos económicos, contrarrestando la tendencia centralizadora en la generación de polos de desarrollo en unos puntos determinados de cada país.

Ya se han dado iniciativas de cooperación entre municipios y territorios fronterizos, que en el fondo respondían

a una realidad conjunta de problemas y situaciones coti-
dianas para las personas que viven separadas por una línea
fronteriza, pero que sin embargo comparten e intercambian
actividades económicas, sociales, ambientales y culturales
desde siempre. En ese sentido, es importante ir fomentan-
do *medidas y acciones* en los territorios fronterizos que: *I)*
analicen la situación y problemática existente; II) generen
planes y modelos de desarrollo territorial fronterizo; III)
establezcan acciones conjuntas entre las instituciones lo-
cales y nacionales; IV) se generen planes de ordenamiento
territorial; V) se potencien acciones de cooperación y coor-
dinación fronteriza que impulsen los lazos de confianza,
colaboración y solidaridad entre los territorios, la población
y sus gobiernos.

Los municipios no suelen dibujar fronteras en sus
territorios, y consideran que desde lo local, pueden hacer
un fuerte aporte tanto al proceso de desarrollo como al
proceso de integración de la región. En los últimos años,
han desplegado muchas experiencias de cooperación intermunicipal, donde los objetivos principales son el progreso de los territorios, el fortalecimiento institucional y
elevar la calidad de vida de la población. En ese sentido,
la cooperación intermunicipal transfronteriza pretende ir
más allá de las fronteras y propiciar un mejor desarrollo
local para esos territorios, que han estado alejados de las
políticas destinadas a tal fin.

Dentro de este proceso de integración regional, para
FEMICA y para la Fundación DEMUCA, junto con las asociaciones de municipios, se consideró que era importante
rescatar, dar a conocer y favorecer el intercambio de experiencias desde los territorios fronterizos en cooperación
transfronteriza, en cooperación intermunicipal y en la
gestión del desarrollo local en esas áreas. El encuentro
buscaba mostrar que en los territorios fronterizos son una
realidad y una oportunidad las relaciones de cooperación

cotidiana, lejos de los aspectos políticos y los conflictos que se generan desde los niveles nacionales de gobierno o de la propia institucionalidad regional. Una estrategia de potenciar este tipo de colaboraciones y sinergias entre territorios, entre mancomunidades, es una interesante y potencial línea de desarrollo local endógeno que rompa esas tendencias a marginar estas zonas fronterizas, consideradas periféricas, lejanas de las prioridades, los presupuestos, los proyectos y las actuaciones desde el nivel nacional.

La Fundación DEMUCA considera importante *impulsar intercambios en acciones de cooperación intermunicipal transfronteriza e integración, desde las experiencias generadas en los territorios a partir de los esfuerzos de gestión pública local, de manera que puedan vincularse y complementarse con los esfuerzos realizados por las instituciones de la región.* Ese fue, precisamente, el objetivo del primer encuentro regional sobre la materia, organizado por la fundación. En el mismo, se dieron a conocer *experiencias e iniciativas propias en articulación de relaciones que promueven desarrollo desde las acciones generadas por los propios territorios, gobiernos locales y poblaciones fronterizas, poniendo particular énfasis en la cooperación intermunicipal transfronteriza.* Se destacó que existen muchas experiencias de cooperación transfronteriza entre municipios y entre los propios actores sociales y económicos, que llevan tiempo realizándose de manera formal o informal en los territorios fronterizos; viéndose en los últimos años una mayor participación de las mancomunidades en este proceso de impulsar desarrollo e intercambio en las fronteras, procurando mitigar toda una serie de problemáticas que parece acentuarse tanto por la lejanía de los centros de decisión como de las inversiones oportunas en infraestructuras, servicios, comunicaciones y asuntos sociales.

El propiciar un espacio de diálogo sirvió para *impulsar las capacidades locales y territoriales, para incidir desde una visión más territorial en el proceso de integración y para generar alianzas estratégicas con el Sistema de Integración Centroamericano (SICA).* Se observó la gran importancia de estimular el proceso de integración desde las experiencias locales desplegadas para generar desarrollo en las fronteras. El SICA reconoció el gran valor del papel de los gobiernos locales y las mancomunidades para articular desarrollo en unos territorios que, normalmente, se han visto aislados de las políticas públicas y de los polos de desarrollo.

Al mismo tiempo, fue un paso más en *la construcción de una agenda regional de las Asociaciones Nacionales de Municipios y FEMICA, para dialogar, incidir y coordinar acciones con el entramado institucional del Sistema de Integración en distintos temas de alto interés para los territorios fronterizos: desarrollo económico local, gestión ambiental, seguridad, infraestructura vial y de comunicación, cultura, entre otros.* Los municipios participantes consideraron imprescindible y muy positivo que las Asociaciones Nacionales de Municipios, de manera conjunta con FEMICA, puedan estimular una agenda regional de coordinación y de fortalecimiento de procesos que impulsen el desarrollo de los territorios fronterizos, particularmente aprovechando las potencialidades que los municipios ya han ido identificando y trabajando: gestión ambiental, comercio, gestión cultural, generación de empleo y apoyo a pequeñas empresas, favorecer aspectos migratorios, entre otros.

En el espacio de intercambio de experiencias se puso de manifiesto la *necesidad de que los territorios fronterizos tengan una mayor atención y sean un mayor foco de inversión pública y privada, de modo que se rompa el círculo perverso ligado al abandono por parte de las instituciones centrales y a las cifras negativas de desarrollo social y económico.* Otros alcances destacables son:

- Las mancomunidades mostraron un buen potencial como entidades catalizadoras para promover desarrollo a través de una gestión descentralizada del territorio. Se revelaron como una economía de escala para generar capacidad institucional de modo que los municipios puedan sentirse respaldados para su interacción con otros territorios fronterizos.

- Los municipios plantearon la importancia de aumentar los recursos financieros dirigidos a fortalecer las capacidades institucionales, el desarrollo social y la capacidad productiva de las fronteras.

- En el evento se planteó como fundamental establecer mayores líneas de apoyo y de cooperación por parte de la institucionalidad del SICA que permita aprovechar la experiencia de intercambio, integración, cooperación y coordinación que desde hace años vienen generándose desde lo local, en los territorios fronterizos.

- El papel a jugar por parte de la FEMICA en la relación y coordinación con las instancias del SICA fue valorado muy positivamente, considerando importante que se promovieran políticas comunes que favorecieran experiencias locales de desarrollo e integración, partiendo del esfuerzo de cooperación intermunicipal y transfronterizo que están jugando los gobiernos locales en la región.

Como retos del Encuentro se plantearon los siguientes aspectos:

- Propiciar una agenda municipal conjunta.
- Generar política de capacitación a las municipalidades.
- Potenciar respeto a la autonomía municipal.
- Buscar homogenizar ciertas políticas y legislaciones importantes para los municipios dentro de la región: asociacionismo de municipios fronterizos, gestión de espacios compartidos (cuencas, parques naturales,

fronteras agrícolas, etc.), políticas ambientales, salud, educación, etc.

- Lograr financiamiento para procesos y proyectos de desarrollo y asociacionismo en los territorios de las fronteras, impulsando una suficiente estructura financiera en los códigos municipales que permita que los municipios, desde su autonomía local, puedan realizar una adecuada gestión territorial, optimizando el papel de las mancomunidades.

- Favorecer acercamiento, coordinación y acciones positivas de gobiernos nacionales con las áreas locales fronterizas. Impulsar un papel más facilitador y articulador de las cancillerías en los procesos de integración y, particularmente, en los procesos de desarrollo de las áreas fronterizas (Política Nacional de Desarrollo).

- Reducir barreras legales y políticas que dificultan la cooperación intermunicipal transfronteriza, procurando armonizar un marco jurídico centroamericano que impulse los retos y las potencialidades de los territorios fronterizos.

- Desde las asociaciones, disponer de una agenda de incidencia política ante los gobiernos nacionales que defienda y promueva un desarrollo armónico de las fronteras: servicios, infraestructuras, empleo, etc.

A modo de conclusión, y en virtud de orientar futuros pasos a seguir en esta materia, podemos decir que fue importante señalar que para los municipios, para la realidad local, las necesidades y los problemas son compartidos más allá de las fronteras. Una línea imaginaria que separa dos países, dos municipios, no debería impedir que los gobiernos locales procuren soluciones concretas para mejorar la calidad de vida de la población que comparte esa frontera, más allá de los planteamientos, estadísticas y políticas teóricas planteadas desde la centralidad. Pero la realidad indica que esos planteamientos no siempre encuentran eco en estos "territorios periféricos", que por esa menor presencia del Estado tienen un grado adicional de vulnerabilidad.

En esa cultura de cercanía, de vecindad, es importante que los municipios colindantes construyan una agenda de cooperación transfronteriza sobre los intereses comunes, sobre las necesidades compartidas, evitando que los conflictos –existentes a nivel nacional en ocasiones– se conviertan en un lastre adicional para el proceso de paz, desarrollo e integración.

Se mostraron distintas experiencias y alternativas de gestión vinculadas a los retos y potencialidades (cooperación política, cultural, económica, etc.) que plantean promover desarrollo de forma articulada entre municipios y mancomunidades fronterizas, en unos territorios que en ocasiones se miran como "tierra de nadie", y donde se han establecido y se plantean infraestructuras, servicios públicos, aspectos comerciales y otros asuntos que ya se están compartiendo de forma cotidiana.

Los municipios y las mancomunidades remarcaron la importancia que desde las Asociaciones Nacionales de Municipios y desde FEMICA se impulsen políticas y acciones que potencien las oportunidades de desarrollo que presentan los territorios fronterizos, apoyando la solución de aspectos que han generado muchas dificultades a la fecha: falta de servicios, abandono, pobreza, impacto de procesos migratorios, etc.

Los municipios fronterizos demandan una mayor gestión de proyectos con la cooperación internacional, que vaya más allá de los estudios y diagnósticos, para potenciar una serie de acciones de apoyo y financiamiento concretas en la realidad particular que presentan estos territorios: resolver asuntos jurídicos y de regulación regional, consolidar relaciones externas, fomentar desarrollo económico, mitigar impactos negativos de movimientos migratorios, estimular cogestión ambiental común, modernizar comunicaciones e infraestructuras, entre otros.

Desde lo local, desde los territorios fronterizos, con el apoyo de FEMICA, se demandó una mayor apertura y más espacios de diálogo dentro del sistema de integración, de modo que temas como el desarrollo local, la gestión ambiental y la descentralización, entre otros, sean parte de una agenda municipal centroamericana. Los municipios subrayaron la necesidad de dar mayor información de las políticas del SICA a los municipios y a las mancomunidades, así como que el SICA conozca y respalde las políticas locales.

La cooperación intermunicipal transfronteriza en la región del Trifinio de El Salvador, Guatemala y Honduras

Miriam Hirezi[95]

Introducción

El objetivo del presente artículo es analizar buenas prácticas y experiencias en general con respecto al tema de cooperación intermunicipal transfronteriza, partiendo de que el fortalecimiento de la gestión local y de la cooperación es crucial para enfrentar los desafíos en los territorios fronterizos.

El caso a analizar y presentar es la experiencia de la Mancomunidad Trinacional Fronteriza Río Lempa, como uno de los ejemplos más inéditos y exitosos en América Central de asociación de municipios fronterizos de Guatemala, Honduras y El Salvador, que se unen para impulsar una gestión integral de una cuenca internacional compartida por los tres países. Esta experiencia se enmarca dentro de un proceso de integración impulsado por la Comisión Trinacional del Plan Trifinio desde hace más de dos décadas.

El análisis de esta experiencia de cooperación intermunicipal transfronteriza pasa por examinar algunas condiciones básicas que han hecho posible su articulación y desarrollo. Por ejemplo, la existencia de un tratado trinacional suscrito por los tres gobiernos y ratificado por

[95]   Directora Ejecutiva del Plan Trifinio, El Salvador. Comisión Trinacional del Plan Trifinio.

los respectivos congresos, que crea una institucionalidad permanente que vela por la ejecución del Plan Trifinio. La comisión establecida se funda en el más alto nivel de los gobiernos, es decir, a nivel de las vicepresidencias, y dentro de un espíritu integracionista que concluye con la firma de dicho tratado. Se constituye así un marco de gobernabilidad y cooperación para el desarrollo fronterizo, que supera los límites de las fronteras, y que fortalece el capital social y la cooperación transfronteriza, como pilares fundamentales para avanzar en el proceso de integración de los territorios, partiendo de lo local hacia lo regional.

Antecedentes

Es importante remarcar algunos antecedentes que han sido básicos para alcanzar el nivel de integración con el que hoy se cuenta, y que han permitido desarrollar exitosas experiencias, como la de la Mancomunidad Trinacional.

La Región del Trifinio

La región Trifinio es un área geográfica ubicada en la confluencia de las fronteras de las repúblicas de El Salvador, Guatemala y Honduras, entre los 88° 45' y 89° 50' de longitud oeste, y 14° 05' y 15° 12' de latitud norte. Cubre una superficie de 7.384,2 km2, distribuida en 45 municipios, y es área de nacimiento de tres de las principales cuencas hidrográficas de América Central: la del Río Lempa, la del Río Motagua y la del Río Ulúa, razón por la cual se le ha calificado como una "fábrica de agua".

La región es considerada estratégica por los importantes recursos naturales con los que cuenta, los cuales son compartidos por los tres países. Sobresalen el agua y la diversidad biológica de los diferentes ecosistemas que la integran. La población se estima en alrededor de 700.000 habitantes. El 51,3% (359.100 personas) corresponde a mujeres, y el 48,7% (340.900 personas) a hombres. El 12% pertenece a la etnia Maya Chortí (88.000 habitantes).

La región se caracteriza por una pobreza marcada: el Índice de Desarrollo Humano (IDH) es de 0,552 y se sitúa debajo de los promedios de los tres países integrantes. Según la estimación de pobreza a base de ingresos, en el Departamento de Chiquimula, que cubre aproximadamente el 70% de la parte guatemalteca del Trifinio, el 87,3% de la población es pobre, y de ésta, el 60,3% vive en extrema pobreza. En la población no indígena, la pobreza alcanza el 55,3%, del cual el 22,9% vive en extrema pobreza.[96] En el caso de El Salvador, se registra en el Departamento Chalatenango (La Palma, San Ignacio) un 50,4% de pobreza, siendo el 18,2% pobreza extrema. En el Departamento de Santa Ana (Metapán, Citalá) los pobres alcanzan el 41%, de los cuales el 11,9% corresponde a extrema pobreza.[97] En la parte rural de Honduras, la población pobre se indica con un 72,1%, y el 62,2% vive en pobreza extrema.[98]

Los servicios de salud son deficitarios. El analfabetismo está por encima del 30% en Honduras, alcanzado en algunas zonas el 80%. Santa Fe y Dolores Merendón –mayoritariamente de población Maya-Chortí– son los municipios de mayor cantidad de analfabetos en el Trifinio. El abastecimiento de agua potable alcanza en Guatemala el 44%, en El Salvador el 34%, y en Honduras el 29%.[99] Las causas más relevantes para la situación social extrema se identifican en la falta de acceso a la propiedad de la tierra,

---

[96]   Instituto Nacional de Estadística (2006), *Encuesta Nacional de Condiciones de Vida*, ENCOVI-2006.

[97]   Ministerio de Economía de El Salvador (2008), *Encuesta de Hogares de Propósitos Múltiples*.

[98]   Instituto Nacional de Estadística (2004), *Encuesta de Condiciones de Vida*, ENCOVI.

[99]   SIT-CARL (2008).

la baja productividad, los bajos precios de los productos, el desempleo, la falta de capital y la poca actividad de instituciones privadas y estatales.

El trabajo de las mujeres se limita en muchos casos a la educación de los hijos, junto con los quehaceres domésticos, el trabajo de campo y el acarreo de agua y leña. La participación de la mujer en cargos públicos no está explícitamente documentada para el Trifinio, sin embargo, pareciera ser muy baja: en el 2003, en El Salvador las mujeres sólo ocupaban el 7% de los cargos públicos, en Guatemala esta cifra era del 2% y en Honduras del 9%.

El valor total de la producción agropecuaria del Trifinio se calcula en aproximadamente US$ 500 millones al año; el café genera más del 70% de este valor, los granos básicos (maíz, fríjoles y arroz) el 12%; el resto se divide entre ganadería y hortalizas.[100]

Los recursos hídricos que se producen en la región del Trifinio son muy importantes, al ser cabecera de tres grandes cuencas hidrográficas, la mayor parte de los mismos no son consumidos en la misma región, sino que se trasladan a otras zonas productivas y asentamientos urbanos de ciudades importantes de los tres países, donde se utilizan de diversas maneras. Como por ejemplo, en la generación de energía hidroeléctrica, riego, consumo humano y animal, industria, turismo, entre otros.

Las municipalidades de la zona, como entidades de fomento del desarrollo local, se encuentran frecuentemente en una situación difícil por aspectos como la falta de presupuestos para equipamiento e infraestructura, la poca cultura tributaria y la muy limitada disponibilidad de catastros, que les impide recaudar las contribuciones suficientes para desarrollar adecuadamente su misión.

---

[100] Estimaciones en base a datos del PTCARL y observaciones de campo.

El proceso institucional del Trifinio y el fortalecimiento de la cooperación transfronteriza

En reconocimiento a la importancia que tiene la región del Trifinio, los gobiernos de las repúblicas de El Salvador, Guatemala y Honduras suscribieron el Tratado para la Ejecución del Plan Trifinio, con miras al desarrollo económico y social de la región, con sensibilidad ambiental. Dicho tratado define la región del Trifinio como *"una unidad ecológica indivisible, en la que sólo la acción conjunta de los tres países podrá dar solución a los problemas que afectan a la población y a sus recursos naturales"*. Los acuerdos de dicho tratado fueron ratificados por los congresos de los tres países entre 1998 y 1999, aunque el proceso del Trifinio tuvo su inicio en 1986, fecha en que se estableció la Comisión Trinacional del Plan Trifinio (CTPT), integrada por los vicepresidentes de los tres países.

El Plan Trifinio

El Plan Trifinio nació como una iniciativa para la conservación de los recursos de la región del Trifinio. Fue oficializado el 12 de noviembre de 1986 en Guatemala, con la suscripción del "acuerdo de cooperación técnica de los gobiernos de las repúblicas de Guatemala, Honduras y El Salvador, con la Secretaría General de la Organización de Estados Americanos (OEA) y el Instituto Interamericano de Cooperación para la Agricultura (IICA)". El objetivo general del Plan Trifinio fue: "Contribuir a la integración centroamericana, mediante una acción conjunta de Guatemala, El Salvador y Honduras que tienda al desarrollo integral armónico y equilibrado de la región fronteriza de los tres países."

El contexto Institucional

El actual marco institucional en la región del Trifinio ha venido evolucionando, de los enfoques *verticalistas* y de poca coordinación institucional hacia la construcción de una nueva institucionalidad basada en distintos roles de competencia, incluyendo sector privado, sector social e instituciones públicas, tanto nacionales como locales. La gobernabilidad se da a través de procesos de descentralización, y en el nivel local se ha permitido la participación de la sociedad civil con enfoques cada vez menos paternalistas y más orientados a procesos de socialización para la toma de las decisiones.

En la región, la institucionalidad actual muestra un marco legal amplio para el manejo de los recursos naturales. Sin embargo, para su aplicabilidad intervienen muchas instituciones que muestran un relativo bajo nivel de coordinación. No obstante, en cada uno de los tres países existe la ley o código municipal, que define con toda claridad las responsabilidades que las municipalidades han asumido a partir de los procesos de descentralización en el marco de la modernización del Estado, los cuales incluyen la autonomía del municipio en la administración de todos sus bienes.

La zona del Trifinio ha sido una región donde históricamente se han desarrollado procesos de participación ciudadana, motivados por diversas razones: guerras, fenómenos naturales y altos índices de pobreza. Esto ha demandado la presencia permanente de proyectos de desarrollo rural, con el propósito de contribuir a reducir las causas que provocan la pobreza y las guerras, así como las consecuencias de los fenómenos naturales. En los últimos años, los proyectos realizados estructuraron formas de organización local como cooperativas, organizaciones no gubernamentales (ONG) o asociaciones de productores, con el propósito de hacer trascender las acciones luego de que se terminara la ejecución financiera de los proyectos. Estos procesos han ido fortaleciendo la sociedad civil de la región, uniendo y estrechado los vínculos de solidaridad entre la sociedad civil de las tres naciones, creando espacios de concertación para asegurar la sostenibilidad de las experiencias de desarrollo y generando capacidades de respuesta mancomunada y permanente a eventualidades que se presenten en el futuro.

Los principales actores de la región Trifinio

En la región existe una diversidad de actores; algunos preexistentes y otros surgidos como resultado de las diferentes intervenciones que se han desarrollado en el territorio en el marco de la implementación del Plan Trifinio. Entre los principales se encuentran:

- La Comisión Trinacional del Plan Trifinio, integrada por los vicepresidentes de las repúblicas de El Salvador, Guatemala y Honduras. Fue creada mediante el "Tratado entre las repúblicas de El Salvador, Guatemala y Honduras para la ejecución del Plan Trifinio", ratificado por los gobiernos entre 1998 y 1999.[101] Cuenta con una Secretaría Ejecutiva Trinacional que es un órgano ejecutivo permanente cuya función principal es la de ejecutar los mandatos de la CTPT.

- Los gremios y asociaciones, muchas de ellas surgidas como resultado de las intervenciones. Entre ellas se cuentan gremios de artesanos, productores agropecuarios, hoteleros, dueños de restaurantes, entre otros. Varias de estas asociaciones se han aglutinado

---

[101] Diario *Oficial*, 24 de marzo de 1998, El Salvador; Diario de *Centro América*, 29 de octubre de 1999, Guatemala; *La Gaceta*, 15 de mayo de 1998, Honduras.

para conformar la Cámara Trinacional de Turismo sostenible.

- Las ONG constituyen otro actor importante para impulsar el desarrollo de la región. En ese sentido existen algunas principalmente orientadas a la conservación de los recursos naturales en áreas protegidas y zonas de amortiguamiento así como combate a la pobreza. Recientemente dichas ONG han conformado una Alianza Trinacional, la cual busca unir esfuerzos para desarrollar acciones coordinadas en los tres países.

- La cooperación internacional es otro actor que no se puede dejar de lado, puesto que por medio de ella se han propiciado muchos de los procesos en la región. Entre los principales cooperantes que han participado en diferentes épocas se encuentran la Unión Europea (UE), el Banco Interamericano de Desarrollo (BID), la Cooperación Nórdica, la Cooperación Alemana, entre otros.

- Las municipalidades y mancomunidades. La región está conformada por 45 municipios en los tres países, 8 pertenecientes a la República de El Salvador, 22 a la República de Honduras y 15 a la República de Guatemala. Estos municipios se encuentran aglutinados en seis mancomunidades, cinco de ellas de carácter nacional y una de carácter trinacional. Todas ellas impulsando temas comunes en la problemática transfronteriza.

Objetivos, desafíos y prioridades del desarrollo consensuados para la región

Siendo la región del Trifinio una zona altamente productora de agua, y considerando que los recursos hídricos son vitales porque constituyen el primer peldaño para el desarrollo económico y social de las comunidades fronterizas, se ha impulsado, en conjunto con los gobiernos locales, las ONG y el sector privado presente en el territorio, un esfuerzo de focalización y construcción de una agenda hídrica trinacional que permita el logro de los siguientes objetivos estratégicos:

- Mejorar la gobernabilidad y la participación ciudadana. A través de la incidencia en políticas públicas, el fortalecimiento institucional y organizativo de entes locales y nacionales, la aplicación del marco legal vigente y promoción de mejoras en el mismo, así como el establecimiento de alianzas estratégicas interinstitucionales.

- Mejorar la cobertura de acceso y sostenibilidad de agua potable y saneamiento en las comunidades de la región, así como la construcción de plantas de tratamiento, formas de manejo de desechos sólidos, beneficios ecológicos de café, entre otros.

- Manejo de los recursos naturales para la protección y mejoramiento de fuentes de agua, a través de un plan de ordenamiento territorial con enfoque de manejo de microcuencas. Además, conservación y reforestación de zonas de recarga hídrica, educación ambiental (concienciación y capacitación), buenas prácticas agrícolas, el establecimiento de instrumentos financieros y la gestión del uso de energía alternativa.

- Gestión del conocimiento sobre los recursos hídricos, por medio de la generación de información hídrica, el monitoreo y control de la contaminación hídrica, la investigación científica, así como de la educación y gestión de una cultura hídrica.

- Promover el aprovechamiento sostenible de los recursos hídricos, por medio de la construcción de proyectos de embalses de agua multipropósito o reservorios, la ampliación del área de riego y el desarrollo de un programa de extensión.

- Valoración económica, ambiental, social y cultural del agua, implementando instrumentos y mecanismos económicos y financieros para desarrollar esquemas de compensación o incentivos por servicios ecosistémicos, que propicien especialmente la sostenibilidad del recurso hídrico tanto en el ámbito local, como nacional.

Por otro lado, en los últimos años, el estrés hídrico – producto del cambio climático– ha influido en la generación de potenciales conflictos, debido a la desigual distribución espacial y temporal de este vital recurso en algunos lugares de la región entre comunidades de áreas transfronterizas, ya sea en el mismo país o entre un país y otro. Tales son los casos de los conflictos entre poblaciones de los municipios ubicados en subcuencas compartidas entre El Salvador y Guatemala (Metapán y Concepción Las Minas), particularmente en la subcuenca del Río Frío, así como entre poblaciones de Honduras (municipios de Ocotepeque y Sinuapa), y las de San Ignacio y La Palma de El Salvador en la subcuenca del Río Sumpul.

En el marco del Plan Trifinio se ha podido intervenir, en conjunto con las municipalidades, para prevenir consecuencias indeseables en estos conflictos fronterizos por el uso del agua, por medio de la facilitación y respaldo institucional para desarrollar un proceso de diálogo entre las comunidades y usuarios de las subcuencas, y la elaboración de planes de manejo sostenible de las subcuencas. Sin embargo, no se cuenta con los marcos regulatorios apropiados a nivel de los tres países, ni un marco regional a nivel del Sistema de Integración Centroamericana (SICA) o internacional, que facilite la construcción de acuerdos sobre el uso equitativo de los recursos naturales y especialmente del agua, sobre todo en la actual coyuntura en donde se está experimentado un fuerte impacto debido al cambio climático.

Pese a los avances en esta dirección, existen importantes desafíos que deben abordarse en conjunto con los municipios y los actores locales, nacionales y regionales en el corto plazo y mediano plazo

Entre los principales desafíos se encuentran:

- La pérdida de caudales, por diferentes causas, entre las que se encuentran los factores antropogénicos y naturales del cambio climático, que provocan inundaciones y/o sequías, que conllevan a la escasez de alimentos y hasta hambrunas en las zonas más vulnerables.
- La explotación no controlada de los suelos y recursos forestales y otros.
- La amenaza de diferentes formas de contaminación de los recursos hídricos, entre las que se encuentran el abuso en el uso de agroquímicos en las actividades agropecuarias, la contaminación por vertidos de industria, el vertido de las aguas residuales de los centros urbanos, los permisos de explotación de la minería metálica, entre otros.

La Cooperación Intermunicipal Transfronteriza

La región del Trifinio tiene ya una larga trayectoria en materia de cooperación regional transfronteriza. Los primeros esfuerzos datan de la década de 1980, cuando se comenzó a formular y ejecutar el Plan Trifinio, que en los años 1990 tomó nueva fuerza con la implementación de instituciones regionales, como el Parlamento Centroamericano y el replanteamiento del Mercado Común Centroamericano.

A partir del año 2000, las acciones implementadas por la CTPT, a través de diferentes programas y proyectos, permitieron un desarrollo institucional local muy importante, impulsando la conformación de diferentes entidades de carácter local y trinacional. En ese marco, surgieron al menos seis mancomunidades de municipios en la comprensión de la Cuenca Alta del Río Lempa entre los años 2003 y 2006 (Lago Guija, Nororiente y Copán Chortí en Guatemala; Valle de Sesecapa en Honduras y Cayaguanca y Trifinio en El Salvador), así como al menos otras seis fuera de dicha cuenca (Sur Oriente, Cono Sur y El Gigante en Guatemala; MANCORSARIC, El Guisayote y Valle Sensenti en Honduras).

Todos los problemas comunes a las municipalidades, los problemas limítrofes entre municipios y los problemas macros, pueden ser tratados por las mancomunidades. Entre los principales temas que usualmente se abordan a nivel de las mancomunidades se encuentran: el manejo de desechos sólidos; el agua, desde la contaminación de los ríos hasta la administración de las fuentes de agua; el medio ambiente, desde su conservación hasta la protección de cuencas vía reforestación, la gestión de riesgos y la parte legal del uso de los recursos naturales; la infraestructura.

Es decir, en términos generales se aborda el desarrollo económico y social de la región de una manera integral, con una visión de sostenibilidad. Algunas personas consideran que si existe voluntad política de los miembros, todos los problemas de las municipalidades pueden ser resueltos vía la mancomunidad.

La Mancomunidad Trinacional Río Lempa

En el marco de las reuniones para la formulación del Plan Trifinio, se manejaba la idea de crear una mancomunidad a nivel trinacional, con el fin de desarrollar las relaciones entre los municipios de los tres países que comparten la misma región. Finalmente, la idea se cristalizó –en forma paralela a la conformación de mancomunidades de municipios locales– a finales de 2004, comenzándose a conformar una de las más novedosas formas de asociación municipal transfronteriza, la de la Mancomunidad Trinacional Río Lempa.

Desde las primeras reuniones, se expresó la necesidad sentida de unir esfuerzos, estrategias y recursos para hacer frente a los grandes desafíos del desarrollo sostenible de la región. La conformación final de la mancomunidad se llevó a cabo a inicios del año 2006. Entre los objetivos de la mancomunidad figura el de lograr el desarrollo integral sostenible de los municipios que la conforman, a través de la formulación y ejecución de políticas públicas, planes, programas y proyectos municipales e intermunicipales y subregionales mediante el esfuerzo propio mancomunado y con el apoyo técnico y económico de los gobiernos centrales, organismos internacionales e instituciones no gubernamentales.

El quehacer de la mancomunidad se concentra en atender algunos temas estratégicos que han sido priorizados en forma consensuada entre los municipios participantes, los cuales son:

- Conservación y protección del agua.
- Protección de bosques y áreas naturales.
- Descontaminación del agua.
- Impulso y fortalecimiento del desarrollo local y territorial.
- Gestión sostenible de la cuenca alta del Río Lempa y de la región Trifinio.

En derredor de estos temas estratégicos se ha elaborado una agenda compartida denominada "Agenda Trinacional de Diálogo para el Desarrollo Local Sostenible de la Región Trifinio", la cual contiene un diagnóstico, la plataforma, los lineamientos estratégicos y el plan de acción de corto plazo de la mancomunidad. Los lineamientos estratégicos son:

- Integración desde lo local, como aporte a los esfuerzos de integración centroamericana.
- Desarrollo social económico sustentable y cohesión social.
- Renovada importancia de la participación social organizada.
- Protección, conservación y manejo sostenible de los recursos naturales.
- Alianza estratégica de mancomunidades de municipios en la región.
- Descentralización municipal.

Para el éxito de esta agenda se ha considerado que es básico contar con algunas condiciones, tales como:

- Agenda compartida entre los gobiernos nacionales, gobiernos municipales y sociedad civil.
- Ampliación y fortalecimiento de espacios de diálogo trinacional.
- Reconocimiento del carácter estratégico de la región Trifinio.
- Calidad de las instituciones y del desarrollo sostenible.
- Coordinación con las instituciones del Sistema de Integración Centroamericano.

Todo esto implica poner especial atención al desarrollo de un nuevo marco institucional para dar un nuevo impulso a la integración trinacional, desde lo local hasta lo regional, a nivel centroamericano.

Estructura de la Mancomunidad Trinacional

Existe una Asamblea Trinacional, que es la máxima autoridad de la mancomunidad, y está conformada por treinta delegados (diez por país) que a su vez son escogidos en tres asambleas nacionales.

La asamblea trinacional elige a la Junta Directiva, la cual se conforma por nueve representantes (tres por país) dentro de los cuales se elige al presidente y dos vicepresidentes, siendo cada uno de un país diferente, con un mandato de dos años de duración. La presidencia se ejerce en forma rotativa por cada país. En la Junta Directiva, los seis principales cargos deben ser ocupados por alcaldes y los tres restantes pueden ser ocupados por las corporaciones municipales que conforman la mancomunidad trinacional. No se permite la reelección del presidente.

La mancomunidad dispone de una Unidad de Gestión Trinacional, la cual es una instancia operativa y técnica, así como la Unidad de Gestión Administrativa Trinacional, que es responsable de la gestión financiera. Para la sostenibilidad financiera, los municipios socios aportan una cuota de ingreso y un aporte mensual, esto con el fin de financiar la planta de personal básico.

Los principales logros de la Mancomunidad Trinacional

Entre los principales logros de la mancomunidad se cuentan:

- Conformación de una amplia alianza estratégica con las mancomunidades locales, las instituciones nacionales claves y la cooperación internacional.
- Planeación estratégica territorial trinacional. Se cuenta con un Plan Estratégico Territorial Trinacional.
- Banco de proyectos trinacionales. En este marco se encuentra en ejecución el proyecto "Fomento de la Cohesión Social en Integración Regional Territorial de los Municipios del Trifinio Centroamericano", con fondos de la Comisión Europea en el marco del Programa URB-ALL III.

Retos

Se considera que es necesario consolidar la figura de la mancomunidad trinacional mediante el apoyo institucional y político, lo cual debe culminar con un reconocimiento pleno de los gobiernos nacionales. Otro punto importante es la inclusión en las políticas y estrategias del Sistema de Integración Centroamericana.

Las lecciones aprendidas

- La mancomunidad es influida en cierta medida por la rotación de autoridades locales, lo cual obliga a que se haga un trabajo de inducción a los nuevos candidatos a ocupar puestos de alcalde desde que se desarrollan las campañas políticas.
- Es sumamente importante fortalecer el tema de cohesión social a fin de fomentar el proceso de integración transfronteriza.
- Es necesario preparar a nuevos líderes para el trabajo futuro de la mancomunidad.
- La construcción de una agenda compartida entre actores involucrados ha sido un proceso que ha dejado un gran aprendizaje en el camino para alcanzar consensos trinacionales.
- Los organismos nacionales no siempre tienen el mismo nivel de comprensión de los procesos de integración.
- Es necesario identificar claramente los problemas de interés común de los territorios a fin de que todos comprendan la importancia de integrarse para resolverlos.

La cooperación intermunicipal transfronteriza: experiencias sudamericanas

Hernando Arciniegas Serna[102]

Introducción

La vecindad debe establecer objetivos y estrategias comunes de desarrollo, y compatibilizar sus objetivos de integración territorial en sus respectivas zonas fronterizas, donde convergen lo local, lo regional, lo nacional y lo internacional. Esto permite de manera armónica lograr la consecución de las mejoras en las condiciones de vida, aminorar los conflictos y contribuir al desarrollo local. La vecindad implica no sólo proximidad física o geográfica, sino también las relaciones que surgen por esa proximidad entre dos países, normalmente vistas de forma diferente dadas las políticas internas de cada uno.

Las fronteras son vitales en todo proceso de integración, ya que ellas tienen alta potencialidad para el desarrollo y bienestar comunes, por lo que se hace necesario promover y afianzar mecanismos de cooperación binacional en distintas áreas de interés mutuo, orientadas por el espíritu de solidaridad y hermandad. Los habitantes de las fronteras mayoritariamente comparten vivencias con sus vecinos, que no se dan con otras poblaciones en el interior de las mismas naciones, creando una integración espontánea que

---

[102] Análisis y Programación Sectorial. Vicepresidencia de Infraestructura. Corporación Andina de Fomento.

puede convertirse en generadora de políticas y programas de interés que permitan encauzar el desarrollo fronterizo.

La integración fronteriza debe enfatizar el desarrollo social y humano de las poblaciones de frontera, construyendo verdaderas respuestas a las necesidades más inmediatas que aquejan a las poblaciones que cohabitan en los diferentes ámbitos fronterizos. Asimismo, las fronteras pueden desempeñar un papel de unión física y humana que promueve el intercambio y la circulación de personas, bienes y servicios.

La realidad fronteriza en América del Sur puede cambiar con las propuestas de infraestructura, políticas de desarrollo y cooperación, asociadas a los procesos de integración existentes que eliminan las barreras al flujo de bienes, servicios y factores productivos, además de la armonización de políticas económicas que impulsan el intercambio comercial que puede contribuir con la mejora de las condiciones de vida de los habitantes de frontera.

Desarrollo y cooperación fronteriza son conceptos esencialmente afines al proceso de integración, que plantea distintas estrategias para procurar una meta común: incorporar la frontera al territorio nacional y la dinámica regional, lo cual puede contribuir favorablemente al avance de los esquemas de integración latinoamericana.

El tema del desarrollo fronterizo, por su complejidad, sería materia de otra intervención, y ha sido tratado por diferentes investigadores. Es objeto de análisis e intervención de los gobiernos nacionales, regionales y locales, pero debería priorizarse por los procesos de integración con mayor intensidad, dado el impacto que tendrían para los avances de la misma en América Latina.

El tema a desarrollar apunta a la cooperación transfronteriza, y se tratará presentando diferentes formas de cooperación expresadas en los espacios fronterizos, por medio de algunos ejemplos que intentan reflejar lo que está ocurriendo en América del Sur en diferentes escalas, y donde se expresa con la presencia de diferentes organismos nacionales, regionales o locales, según las características y actividades involucradas.

1. Cooperación entre gobiernos centrales para el desarrollo fronterizo
Dinámica de la frontera de Ecuador y Perú
a partir de los Acuerdos de Paz

La integración peruana-ecuatoriana está enmarcada y definida por los alcances de los Acuerdos de Paz de Brasilia firmados el 26 de octubre del año 1998, y por lo establecido en el Acuerdo Amplio Peruano-Ecuatoriano de Integración Fronteriza, Desarrollo y Vecindad. Éste prioriza la integración fronteriza, la cooperación mutua y el desarrollo conjunto a través de la ejecución de programas, proyectos y actividades conjuntas. Estos compromisos dieron solución al largo conflicto territorial entre Perú y Ecuador, y han permitido un especial dinamismo en las relaciones económicas entre ambos países en los últimos años.

El Acuerdo Amplio de Integración Fronteriza, Desarrollo y Vecindad, tiene cuatro componentes: la Comisión de Vecindad, el Plan Binacional de Desarrollo de la Región Fronteriza Ecuador-Perú, el Régimen Fronterizo y el Fortalecimiento de la Cooperación Bilateral

La Comisión de la Vecindad está constituida por una comisión nacional peruana y una comisión nacional ecuatoriana. Es la instancia que da las orientaciones generales para la cooperación bilateral, la aplicación del régimen fronterizo y la buena marcha del Plan Binacional del Desarrollo de la Región Fronteriza, entre otras funciones. El Plan Binacional de Desarrollo de la Región Fronteriza Ecuador-Perú es un mecanismo institucional de acción binacial y es un organismo de derecho internacional público. Éste tiene como interés primordial elevar el nivel de vida de las poblaciones del sur y oriente del Ecuador, y norte y nororiente del Perú, así como impulsar la integración y la cooperación entre los dos Países. El Régimen Fronterizo es un mecanismo de coordinación binacional encargado de supervisar y colaborar la aplicación de los acuerdos en materia fronteriza. Por último, el componente de Fortalecimiento de la Cooperación Bilateral se encarga de actualizar y ampliar los acuerdos de cooperación bilateral vigentes, y establecer nuevos convenios en ámbitos que se consideren prioritarios y de interés mutuo.

El Plan Binacional de Desarrollo de la Región Fronteriza Ecuador-Perú cuenta con cuatro grandes programas que son los ejes vertebradores del desarrollo fronterizo. El *Programa Binacional de Proyectos de Infraestructura Social y Productiva*, que contribuye al mejoramiento de la infraestructura productiva y social en las zonas donde Ecuador y Perú comparten recursos o son de economías complementarias, lo que fortalece el proceso de integración fronteriza entre ambos países.

En segundo lugar, *Programas Nacionales Ecuatoriano y Peruano de Construcción y Mejoramiento de la Infraestructura Productiva en las Regiones Fronterizas,* que buscan contribuir al mejoramiento de la infraestructura productiva y de servicios en las regiones fronterizas de ambos países, con obras orientadas a brindar facilidades para el tránsito fronterizo, el desarrollo sostenible de zonas de potencialidad productiva y la construcción de infraestructura física que fomente la interacción local productiva y comercial.

Por otro lado, los *Programas Nacionales Ecuatoriano y Peruano de Construcción y Mejoramiento de la Infraestructura Social y de Aspectos Ambientales en las Regiones Fronterizas,* que contribuyen al mejoramiento de la infraestructura social y cultural en las regiones fronterizas de ambos países por medio de la preparación de programas o el desarrollo de obras en salud, educación, saneamiento y desarrollo urbano, servicios básicos y medio ambiente.

Por último, *Programa de Promoción a la Inversión Privada,* que contribuye al fomento del intercambio, oportunidades de negocios, complementariedad entre los puertos, fortalecimiento de la Cámara de Comercio e Integración Ecuatoriano-peruana, y en general promover las relaciones de empresarios e inversionistas privados.

Para el financiamiento del Plan Binacional se crearon varias instancias, como el Grupo Consultivo de Financiamiento Internacional Ecuador-Perú, integrado por organismos de cooperación de los gobiernos de países amigos, y otras fuentes de financiamiento internacional. También está el grupo Binacional de Promoción de la Inversión Privada Ecuador-Perú, con el objeto de promover la inversión privada en proyectos binacionales. Además, están los aportes directos de los gobiernos del Perú y del Ecuador, del Fondo Binacional para La Paz y el Desarrollo Ecuador-Perú, de los países amigos, de organizaciones privadas e instituciones multilaterales.

De acuerdo con el análisis que se encuentra en el documento Agenda Prioritaria para la Cooperación no Reembolsable del Plan Binacional Ecuador-Perú, la inversión de los recursos nacionales de Ecuador y Perú se ha concentrado en el Programa de Proyectos Binacionales de Infraestructura Social y Productiva, con el fin de asegurar ejes viales binacionales y obras relacionadas. Hasta el momento, esto ha permitido una red de interconexión terrestre que aporta al desarrollo de la frontera común y a su integración. El programa que menor cantidad de recursos ha recibido es el de Proyectos Nacionales de Infraestructura Social y Ambiental. Se menciona que el Japón es el mayor cooperante, siguiéndole EE.UU., España y la Unión Europea entre los organismos multilaterales.

Las relaciones binacionales han tenido cambios muy concretos a partir de la firma de un tratado de paz: se ha incrementado el comercio y el turismo, el Perú es el segundo socio comercial del Ecuador a nivel mundial y a nivel andino el primero. Sin embargo, el paso fronterizo de Huaquillas-Aguas Verdes sigue siendo un lugar donde el desorden, la inseguridad y la informalidad del comercio no han podido desalojarse de la zona, porque subsisten formas de sobrevivencia en zonas de pobreza y exclusión. Asimismo, se han dado cambios significativos en los indicadores sociodemográficos en beneficio de las poblaciones que se encuentran en el ámbito de los ejes viales binacionales (agua, electrificación, saneamiento, infraestructura para la salud, programas de salud y educación, ambiente, etc.)

Ecuador y Perú, en junio de 2008, decidieron extender la vigencia por cinco años adicionales del Plan Binacional y del Fondo para la Paz y el Desarrollo, y se comprometieron a continuar proveyendo de los recursos públicos necesarios, así como procurar la cooperación internacional para los mismos.

Existen varios proyectos que son ejecutados en la frontera Perú-Ecuador, como iniciativas de organismos internacionales como la Comunidad Andina de Naciones (CAN), el Mercado Común del Sur (MERCOSUR), el convenio Hipólito Unanue, la Corporación Andina de Fomento (CAF), el Convenio Andrés Bello, la Asociación Latinoamericana de Integración (ALADI), etc.

Casi el total de intervenciones tiene presencia relevante de alguna entidad pública (ministerios, municipalidades, gobiernos regionales o provinciales o direcciones sectoriales). Esta situación podría llevar a considerar que la participación de la sociedad civil en las iniciativas de integración fronteriza no es muy significativa. Sin embargo, es evidente que muchos proyectos tienen la participación de la sociedad civil en función de los temas que abordan.

Asimismo, muchas organizaciones de la sociedad civil participan en actividades concretas relacionadas con la integración y la vida de las poblaciones de las fronteras.

2. Cooperación intermunicipal transfronteriza
Plan integral de desechos sólidos
Ipiales (Colombia)-Tulcán (Ecuador)

Los municipios de Ipiales (Colombia) y del cantón Tulcán (Ecuador) han venido gestionando la formulación de una propuesta binacional para el manejo de los desechos sólidos, la cual comenzó a realizarse con el apoyo de CAF para ejecutar un diagnóstico. Entre los dos municipios se generan alrededor de 123 toneladas de residuos por día, y sólo se recupera el 3% de manera ineficiente. No se realiza separación en la fuente y en los domicilios se utilizan recipientes inadecuados para el almacenamiento temporal. Hay insuficiencia de normas y legislación ambiental e incumplimiento de las existentes. No hay suficiente sistema de recolección y disposición de la basura.

Para la implementación del proyecto Plan de Gestión Integral de Residuos Sólidos, se conformó un Comité Técnico Binacional encargado de la formulación y gestión del proyecto, con una visión territorial y con un alto compromiso político de las máximas autoridades. Gracias a esta gestión se han realizado las siguientes acciones:

- Creación de un Fondo Binacional con aportes financieros locales.
- Preparación de Términos de Referencia y de contratación de los estudios de mercado de desechos orgánicos e inorgánicos.
- Preparación de los Términos de Referencia y contratación de la empresa binacional, modelo de gestión binacional y educación ambiental.

- Se encuentra concluida la fase de preinversión y se han cumplidos todos los procedimientos exigidos por la Unión Europea y la Comunidad Andina.
- Se ha suscrito el Acuerdo de Delegación entre la Secretaría de la Comunidad Andina y los Municipios, y se aprobó la financiación de la Unión Europea con fondos no reembolsables.
- Está en funcionamiento el Comité Técnico Binacional y está en marcha el cronograma de ejecución. Lo integran autoridades del orden nacional, departamental, municipal y de los organismos ambientales de los dos países.
- Se elaboró el expediente de licitación para la construcción de las obras, que aprobó la Unión Europea en noviembre de 2009.
- Se contrató, con recursos de contrapartida local, al jefe del proyecto, que comenzó en diciembre de 2009.

El objetivo del proyecto es contribuir al mejoramiento de la calidad de vida de los habitantes de los municipios de Ipiales y Tulcán, a través de la implementación de un modelo de gestión para el manejo integral de residuos sólidos. Con la ejecución del proyecto se espera solucionar y mitigar los impactos generados por las actividades del hombre en el medio natural, y conseguir una verdadera integración binacional.

Los objetivos específicos son:
- Construir la infraestructura adecuada para el aprovechamiento de la basura.
- Diseñar un modelo de gestión consensuado entre los diferentes actores, para el funcionamiento de la plana de tratamiento de desechos orgánicos e inorgánicos.
- Mejorar la gestión financiera y administrativa de la empresa binacional.
- Implementar el marco legal necesario para constituir un modelo tercerizado de gestión.

- Con base en el análisis de los actores, diseñar la estructura y los arreglos institucionales y organizacionales más efectivos para la ejecución del proyecto con participación ciudadana.

Respecto al estado de situación del proyecto, puede señalarse que ya se realizó el proceso de licitación, calificación y adjudicación para la planta de tratamiento de desechos orgánicos y centro de acopio de desechos inorgánicos (Lote 1-Ipiales), y la estación de transferencia de desechos orgánicos (Lote 2-Tulcán). En febrero de 2010, se firmó el contrato de inicio de obras con el Consorcio Sánchez-Sánchez, y está en proceso el expediente técnico para la compra de maquinaria para la planta de desechos orgánicos de la ciudad de Ipiales

Algunas oportunidades que ofrece esta experiencia son:

- Los municipios desarrollarán habilidades gerenciales para delegar las tareas específicas de implementación del nuevo modelo de gestión, en la fase del proyecto de construcción e implementación de la planta binacional de aprovechamiento de los desechos sólidos.
- La infraestructura generará cambios positivos en el servicio.
- Beneficiará a un número aproximado de 160.000 habitantes de las ciudades fronterizas.
- Se iniciará un proceso de planificación conjunta con impacto ambiental en la zona fronteriza.
- La ejecución del proyecto binacional atraerá nuevas fuentes de cooperación y dará credibilidad a los propósitos integracionistas a partir de la articulación de esfuerzos locales o regionales.
- Se logrará un proceso real de integración binacional como punto de partida hacia la zona de integración fronteriza.

Este ejemplo de cooperación transfronteriza es el mejor esfuerzo demostrable de dos municipios que quieren solucionar aspectos decisivos para la vida de sus comunidades, sin importar las diferencias diplomáticas que existen entre los dos países. Por encima de ello, las dos cancillerías han apoyado y coadyuvado a la cooperación que presta la Secretaría de la Comunidad Andina, y han celebrado la adjudicación de los recursos financieros no reembolsables (500.000 euros) para la obra, aportados por la Unión Europea.

3. Cooperación Transfronteriza Temática
Autoridad Binacional Autónoma del Sistema
Hídrico del Lago Titicaca, Río Desaguadero, Lago
Poopó y Salar de Coipasa-ALT (Bolivia-Perú)

La Autoridad Binacional Autónoma del Sistema Hídrico del Lago Titicaca, Río Desaguadero, Lago Poopó, Salar de Coipasa, que en adelante también podrá ser denominada como ALT, es una entidad de derecho público internacional con plena autonomía de decisión y gestión en el ámbito técnico, administrativo-económico y financiero.

La ALT depende funcional y políticamente de los ministerios de Relaciones Exteriores del Perú y de Bolivia. El Presidente de la ALT reporta directamente a los cancilleres de ambos países, atiende y cumple las disposiciones políticas conjuntas de éstos. La duración de la ALT es de carácter indefinido y su sede es la ciudad de La Paz, en Bolivia. Su presidente ejecutivo es de nacionalidad peruana.

El objetivo general de la ALT es promover y conducir las acciones, programas y proyectos y dictar y hacer cumplir las normas de ordenamiento, manejo, control y protección en la gestión del agua, del Sistema Hídrico Titicaca-Desaguadero-Poopó-Salar de Coipasa, que en adelante también podrá ser denominado sistema Hídrico TDPS, en el marco del Plan Director Global Binacional del Sistema Hídrico TDPS.

Todo el Sistema Hídrico está localizado a más de 4.000 metros de altura en el Altiplano de Los Andes, haciendo frontera entre los dos países. Del Lago Titicaca sale el Río Desaguadero hasta el Lago Poopó, ubicación geográfica que explica la importancia de la autoridad y de las funciones que le han sido asignadas, entre las que destacan:

- Impulsar el desarrollo sostenible del Sistema Hídrico TDPS, poniendo en ejecución las conclusiones globales y específicas del plan director, basado fundamentalmente en las obras de regulación de las aguas de la cuenca del Lago Titicaca.

- Ejercer la autoridad sobre los recursos hídricos e hidrobiológicos de connotación binacional del Sistema Hídrico TDPS, estableciendo las normas y reglas de operación y recomendando las medidas a adoptar en épocas de eventos extremos (sequías, inundaciones).

- Asegurar el mantenimiento, continuidad y utilización de los sistemas de información (banco de datos, red hidrometereológica) y modelos matemáticos, incorporados en el plan director.

- Cautelar y coordinar, en lo que incida o afecte la dinámica del Sistema Hídrico TDPS, que las principales actividades, proyectos y acciones permanentes o eventuales, actuales o futuras, nacionales o binacionales, públicas o privadas, guarden coherencia, compatibilidad y armonía con lo establecido en el plan director.

- Promover y gestionar ante los órganos ejecutivos y financieros, nacionales, extranjeros o multinacionales, públicos y privados, las distintas actividades y proyectos definidos en el plan director, a fin de lograr su implementación.

- Promover, supervisar y conducir la ejecución de proyectos y obras binacionales, a título de dueño de obra, e impulsar el mejoramiento y la actualización del plan director, mediante la priorización, planificación y realización de nuevos proyectos, actividades y acciones, de nivel binacional o nacional.

- Estudiar y analizar instrumentos de armonización legal y reglamentaria de las normas nacionales en relación con la gestión de recursos hídricos e hidrobiológicos del Sistema Hídrico TDPS, con las pautas fijadas en el plan director, proponiendo los instrumentos legales y administrativos adecuados.

- Apoyar y promover la preservación, recuperación, protección y conservación de los ecosistemas naturales, de acuerdo con el plan director, tendiendo a mantener y mejorar la sustentabilidad ambiental del Sistema Hídrico TDPS. Establecer normas de calidad de las aguas. Promover tecnologías de uso racional de los recursos naturales.

- Administrar los programas y operar y mantener las obras de carácter binacional, o encargarlas a una entidad pública o privada, supervisando que esté asegurado el uso equilibrado de los recursos hídricos e hidrobiológicos y el logro del efecto deseado en cuanto a la protección contra las inundaciones y sequías.

- Fomentar la cooperación horizontal entre la ALT y otras entidades, que permitan implementar acciones de transferencia tecnológica y capacitación tanto desde la ALT como hacia ésta, y establecer pautas de aprovechamiento y manejo del recurso hídrico e hidrobiológico, en concordancia con el plan director, mientras se legisle al respecto.

- Analizar y establecer las tarifas, formas de control y de cobranza por los servicios que proporcione la ALT.

- Conocer, proponer opciones de solución y resolver en primera instancia los aspectos de carácter binacional o interpretaciones que puedan surgir al plan director y/o sus aplicaciones, y elevarlos a los ministerios de Relaciones Exteriores, en caso de disconformidad con lo resuelto por la ALT, acompañando las opciones de solución. Los costos que demanden la aplicación del presente acápite serán cubiertos por los interesados de acuerdo a lo que determine previamente la ALT.

4. Cooperación transfronteriza en pasos de frontera
Centro Unificado de Frontera CUF Santo
Tomé (Argentina)-Sao Borja (Brasil)

Uno de los principales problemas de América del Sur, son las precarias condiciones de muchos de los pasos de frontera existentes que integran las principales carreteras de la región. Otras veces, a pesar de contarse con instalaciones adecuadas a ambos lados de la frontera, existen condiciones en su entorno de pobreza, informalidad o desorden que permiten asegurar que la presencia de las autoridades migratorias, aduaneras o de seguridad son insuficientes o permisivas a la circulación de vehículos, mercancías y personas que no cumplen con las exigencias legales y las prácticas administrativas establecidas.

A pesar de los acuerdos y normas binacionales o de la Comunidad Andina y del MERCOSUR existentes, falta mucho para que su aplicación y controles permitan generalizar la existencia de pasos ordenados, seguros y confiables, lo cual lleva a concluir que existen todo tipo de situaciones, desde las más precarias hasta el mejor ejemplo. La cooperación entre dos países y la participación del sector privado destacan al Centro Unificado de Frontera (CUF) de Santo Tomé-Sao Borja como el paso modelo de la región.

Este complejo se encuentra en la Provincia de Corrientes, en Argentina, próximo a la ciudad de Santo Tomé, contigua al río Uruguay que a través de un puente carretero se comunica con la ciudad brasileña de Sao Borja. Es el primer CUF del MERCOSUR, es decir, con infraestructura donde se asientan las autoridades de ambos países en uno solo recinto en la República Argentina. Su particularidad está en que fue construido por concesión, así como para su operación y mantenimiento por veinticinco años y otorgado a la empresa MERCOVÍA SA, cuyo principal accionista es la empresa italiana IMPREGILO. La firma construyó tanto las instalaciones del CUF con su equipamiento correspondiente, así como el puente de 1.400 metros sobre el Río Uruguay, y los accesos carreteros de aproximadamente 15 km. La inversión fue compartida entre los dos Estados y la empresa MERCOVÍA SA, con un monto de US$ 45.000.000. El complejo cuenta con un área de 81 hectáreas.

El Acuerdo de Recife del MERCOSUR es la base de su funcionamiento, pero se complementó con un acuerdo específico entre los dos países que regula sus actividades, además del contrato de concesión. Las operaciones están supervisadas por una Comisión Mixta Argentino-Brasilera (COMAB), que designa las funciones específicas a la Delegación de Control, integrada por funcionarios de ambos países, quienes cuentan con oficinas en el mismo recinto.

En lo laboral, MERCOVÍA SA cuenta con personal de los dos países, pero se aplica la legislación laboral de Argentina. Los ingresos de la empresa provienen del alquiler de oficinas equipadas a despachantes y usuarios, servicios a la carga y a los camiones, pero especialmente por los peajes que se cobran para el ingreso al recinto, que son obligatorios para todos los vehículos que circulan por el puente y utilizan las vías de acceso. Los órganos competentes de control no pagan ningún tipo de costo por el uso de las oficinas y accesos.

El control de turistas, tránsito vecinal fronterizo, camiones y cargas se realiza en la modalidad de Cabecera Única, y se encuentran presentes las autoridades que operan en el CUF: en seguridad, Gendarmería Nacional Argentina; en migraciones, Gendarmería Nacional Argentina y Policía Federal del Brasil; en aduana, Dirección General de Aduanas de Argentina y Receita Federal del Brasil; en transporte, Gendarmería Nacional Argentina (Delegada por CNRT) y Policía Federal del Brasil; en fitozoosanitario, SENASA y Ministerio de Agricultura y Fiscalización Federal del Brasil.

Existen servicios sanitarios, teléfonos (cabinas telefónicas, públicos), transporte de ómnibus (desde Santo Tomé, Argentina, hacia São Borja, Brasil, y desde Posadas, Argentina, hacia Camboriú, Brasil).

Cuenta con dos playas de estacionamientos para ómnibus y vehículos livianos que ingresan y egresan del país. También, con un patio de camiones con cerco perimetral y con seguridad interna perteneciente a la empresa concesionaria, con capacidad de albergar a 800 camiones con bocas de alimentaciones eléctricas para camiones térmicos. Asimismo, un sector destinado a la verificación física de los transportes para ambas aduanas y un sector para los transportes de cargas peligrosas. La empresa concesionaria posee en el Centro Unificado de Frontera una oficina de apoyo al turista.

Los principales beneficios que ofrece el CUF y que lo hacen modelo en la región son, entre otros:
- Parada única de los vehículos tanto de carga como pasajeros.
- Centralización en el mismo espacio de todos los organismos que intervienen.
- Examen zoofitosanitario conjunto y simultáneo.

- Transferencia automática y obligatoria de documentos a través del concesionario.
- Procesos aduaneros simultáneos.
- Sistema de facilitación en la verificación de identificación y en el registro migratorio, para residentes en Santo Tomé y Sao Borja.
- No se permite en el área de concesión instalar comercios y servicios paralelos.

5. Cooperación intermunicipal cotidiana fortalecida por gobiernos nacionales
Proyectos fronterizos exitosos en la
frontera de Uruguay con Brasil

Acuerdo de salud entre Rivera y Livramento

El Hospital de Rivera, en Uruguay, atiende desde octubre de 2009 partos y cesáreas de brasileñas residentes en Livramento, como consecuencia del cierre del hospital público de esa localidad. Han nacido ya más de 50 niños, que por esta situación obtuvieron la doble nacionalidad. Este servicio se mantendrá hasta tanto no reabra el hospital "Santa Casa de Misericordia de Livramento"

Tras el cierre del hospital por parte del Colegio Médico de Río Grande do Sul, la Secretaría Municipal de Salud de Livramento y la Administración de los Servicios de Salud del Estado (ASSE) firmaron un acuerdo por el cual el Hospital de Rivera se comprometió a atender a las parturientas y a los casos "de vida o muerte" mientras persista la situación de emergencia asistencial en Livramento. La Secretaría Municipal de Salud paga por este servicio.

No es la primera vez que se dan acuerdos de este tipo y próximamente los convenios del estilo estarán legalizados por el "Ajuste Complementario del Acuerdo sobre Permiso de residencia, Estudio y Trabajo". Se trata de un acuerdo entre Brasil y Uruguay que habilita el intercambio de servicios de salud. Los parlamentos de ambos países ya aprobaron el acuerdo y sólo resta el anuncio oficial por parte de las cancillerías. Una vez en vigencia, efectivamente se intercambiarán servicios sin pagar por ellos; por ejemplo, la atención de los partos es retribuida con camas en el CTI en Livramento.

Las mujeres atendidas en Rivera son derivadas por ginecólogos de Livramento, luego de constatar que no están en condiciones de ser trasladadas hasta hospitales brasileros de ciudades cercanas, como Rosario do Sul, Uruguayana o Bagé. Terminado el parto, pediatras de Livramento cruzan a ver a los niños para controlar su estado, darlos de alta e indicar a las madres dónde realizarán los controles del otro lado de la frontera, ya que en Rivera hay escasez de médicos con esa especialidad.

Actualmente, la Secretaría Municipal de Salud de Livramento se encuentra negociando con un hospital de Porto Alegre para que administre el "Hospital Santa Casa de Livramento", de forma que reabra sus puertas. Hasta tanto eso no se concrete, se continuarán realizando partos y cesáreas en Rivera.

Educación Binacional

A partir de marzo de 2010 funcionan los institutos binacionales de educación terciaria. Los mismos estarán disponibles para estudiantes de Brasil y Uruguay, quienes podrán realizar distintas carreras de acuerdo al lugar donde residan. En Río Branco y Yaguarón se podrán cursar las carreras de *Marketing* y Automatización Industrial.

Este proceso se inició en 2005, cuando se empezó a trabajar, mediante un acercamiento entre la UTU y el Instituto Federal de Educación de Pelotas, para poder hacer cursos en común, porque unos tienen los docentes pero no tienen la maquinaria para alguna carrera, o viceversa.

Existe desde 2007 un acuerdo firmado entre Uruguay y Brasil para la creación de escuelas o institutos binacionales fronterizos. En el acuerdo, se señala que los mismos "tendrán como objetivo promover la calificación y la formación profesional, permitiendo la inclusión social de la población fronteriza, teniendo en la educación un elemento de fortalecimiento del proceso de integración."

A partir de ese momento, se trabajó en identificar qué carreras se brindarán en los centros. Brasil tiene un observatorio de educación que detecta las necesidades que tiene cada zona. En el caso de Río Branco, se detectó que había escasez de personas formadas en el área de *marketing* y también faltaban personas que manejaran los automatismos de las máquinas que utilizan los molinos arroceros, que abundan en la zona. Es por ello que se resolvió poner a disposición de lo estudiantes de frontera las carreras de *Marketing* (Río Branco) y Automatización Industrial (Yaguarón). Las carreras varían según las zonas; por ejemplo, en Artigas es Minería y en Santa Ana, Informática.

Los institutos comenzaron a funcionar en la frontera de Cerro Largo, Rivera, Rocha y Artigas. En cada punto de frontera se ofrecen dos carreras, una del lado uruguayo y otra del lado brasilero. Una de ellas tiene una modalidad semipresencial y la otra enteramente presencial. Cada una tiene treinta cupos, quince para Brasil y quince para Uruguay y podrán acceder a las mismas quienes tengan bachillerato completo y residan en la frontera. Las carreras que se dicten del lado uruguayo serán en español y las del lado brasilero en portugués. Es por ello que está previsto un apoyo en la lengua extranjera. Los títulos que obtengan los estudiantes serán válidos en ambos países.

En vínculo entre las instituciones educativas de ambos países es muy fuerte y se ha trabajado conjuntamente en varias áreas, especialmente en medio ambiente. Es en este marco que empezó en noviembre de 2008 la primera etapa de un curso de capacitación en medio ambiente para docentes uruguayos brindado por docentes brasileros. El mismo es gratuito, se llevó adelante en la UTU de Río Branco y estuvo abierto para profesores de las ciudades de Río Branco, Yaguarón, Treinta y Tres, Rocha y Lavalleja. Es resultado de un convenio entre el Consejo Técnico Profesional de Uruguay con la agencia ABC de Brasil. Lo docentes son del Instituto Federal de Pelotas.

Por su parte, los estudiantes han trabajado e intercambiado en diversas oportunidades sobre el mismo tema. Se han realizado hasta el momento tres foros de medio ambiente de frontera. Esto es una iniciativa de la UTU con el Instituto Federal de Pelotas, y tiene como objetivo poner sobre el tapete problemáticas relativas al cuidado del medio ambiente de la región. En estas oportunidades se presentaron temas como: contaminación de aire, falta de saneamiento en el medio rural, uso de agrotóxicos y el problema del mejillón dorado en la Laguna Merín, que obstruye las cañerías.

Los estudiantes presentan en estas instancias trabajos relacionados con el tema. Es así que en el foro de agosto de 2009, que se realizó en Río Branco, los estudiantes de la UTU presentaron el proyecto de primer año de bachillerato agrario de la papa del aire. Se trata de una investigación que elaboraron sobre las propiedades nutritivas de la planta, concluyendo que es un producto de un alto valor alimenticio y que requiere de escaso cuidado. Los estudiantes la cultivaron en la UTU y en un jardín de infantes, y distribuyeron recetas a los padres para que puedan aprovechar el alimento.

Por su parte, los estudiantes del liceo departamental presentaron un trabajo sobre el hormigón ecológico, que se hace en base a cáscara de arroz y que mezclado con otros productos puede ser usado para la construcción.

Portugués en 37 escuelas uruguayas

La Administración Nacional de Educación Pública (ANEP) tiene en marcha dos programas de inclusión de la lengua portuguesa en los currículos de primaria: el programa de inmersión dual y el programa por contenidos curriculares. Actualmente, están presentes en 36 escuelas de Artigas, Rivera, Cerro Largo y Rocha, además de presentarse en la escuela Brasil de Montevideo. En el largo plazo, la perspectiva es que en todas las escuelas uruguayas se enseñe portugués.

En las zonas uruguayas limítrofes con Brasil se habla español, portugués y *portuñol*, un dialecto que surge de la mezcla del español y el portugués. Los programas que se implementan en las escuelas fronterizas tienen como objetivo que los estudiantes puedan dominar correctamente tanto el español como el portugués. Esto no implica penalizar el uso del *portuñol*, sino "reconocer la realidad de la frontera y que los niños se apropien de un buen español y portugués."

Para ello se utiliza una metodología en base a contenidos programáticos. La gramática de la lengua no es el objeto explícito de estudio de la actividad de la clase, sino que la enseñanza de portugués se realiza a través de los contenidos del currículo escolar (de matemáticas, ciencias naturales y el resto del currículo). Esto implica que los contenidos programáticos son utilizados como vehículo para propiciar una comunicación significativa en la lengua.

La variación principal entre los programas tiene que ver con la carga horaria del portugués en los currículos. El programa de inmersión dual (que se aplica desde 2003) es un tipo de educación bilingüe que se emplea en escuelas de tiempo completo y que muchas veces reúne en una misma aula a alumnos que hablan lenguas maternas diferentes. En este programa, los estudiantes tienen un maestro de español y otro de portugués con una carga de veinte horas semanales cada uno.

En cambio, el programa de portugués por contenidos curriculares (que empezó a realizarse a partir de 2006) se aplica en escuelas comunes (también en algunas de tiempo completo), y tiene una carga horaria de 3 ó 4 horas semanales de clases de portugués. En ambos casos, los profesores de portugués son maestros uruguayos con formación en este idioma.

Actualmente, estos programas se aplican en 36 escuelas de los departamentos fronterizos de Artigas, Rivera., Cerro Largo y Rocha, y en una escuela de Montevideo (sólo para 5º y 6º año), la Escuela Brasil. El programa de inmersión dual cubre todo el ciclo escolar, y el de contenidos curriculares alcanzará a cubrir todos los años escolares en 2010.

En el marco del MERCOSUR educativo, se está empezando a implementar el "Proyecto Intercultural de Escuelas Bilingües de Frontera", que habilita el intercambio de docentes entre Brasil y Uruguay. Se trata de un proyecto que ya existe entre Brasil y Argentina y que está empezando en Paraguay, Venezuela y Uruguay. El intercambio entre docentes se realizará con Brasil en primera instancia. Este proyecto tiene el apoyo de CAF.

Uruguayos que residan en Brasil podrán
cobran pensiones por vejez o invalidez

El Banco de Previsión Social (BPS) de Uruguay y el Instituto Nacional del Seguro Social (INSS) de Brasil firmaron en julio de 2009 un acuerdo de intercambio de información que posibilitará que los ciudadanos uruguayos que residen en Brasil, a una distancia no mayor a los cinco kilómetros del límite fronterizo con Uruguay, puedan acceder a pensiones por vejez e invalidez.

El BPS podrá realizar visitas a los hogares de uruguayos que residan en territorio brasileño (con la compañía de un técnico de INSS) para constatar carencia de recursos suficientes, lo cual es un requisito para la asignación de la prestación. La Ley uruguaya establece que podrá recibir una prestación no contributiva por vejez o invalidez "todo habitante de la República que carezca de recursos para subvenir a sus necesidades vitales y tenga setenta años de edad o, en cualquier edad, esté incapacitado en forma absoluta para todo trabajo remunerado". A partir del 13 de marzo de 1998, este beneficio se hizo extensivo a los uruguayos residentes en territorio fronterizo. No pierden el derecho a la pensión a la vejez o invalidez los ciudadanos uruguayos que residan en la República Federativa del Brasil o en la República Argentina, a una distancia no mayor a los cinco kilómetros del límite fronterizo con el Uruguay. No obstante, en la práctica esto no se implementó hasta ahora porque los técnicos del BPS no podían cruzar la frontera para hacer la visita a los hogares. Esto quedó subsanado con el acuerdo, el cual estableció un procedimiento por el que el BPS podrá pedir colaboración al INSS.

Según el procedimiento, una vez que el BPS recibe una solicitud de pensión por vejez o invalidez, envía un formulario vía correo electrónico al INSS con la informa-ción del solicitante y de sus familiares para chequear que éstos no estén percibiendo una prestación del gobierno brasilero (y evitar así una superposición de prestaciones). En caso de que no la haya, el segundo paso es coordinar una visita al hogar del solicitante que se realizará por parte de un técnico del BPS y de un técnico del INSS. Esta visita es imprescindible para la confirmación de la prestación.

Conclusión

Desde el punto de vista conceptual, la frontera repre-senta un espacio geográfico con potencialidades para la consolidación del proceso de integración en América del Sur. Con la integración basada en la frontera, las relaciones entre países vecinos, además de fines económicos, contienen fines sociales, culturales y políticos. Es decir que también contempla la armonización de políticas para la cooperación del desarrollo fronterizo. Se requiere por tanto un propósito del interés nacional por promover una complementariedad.

Una vez que las fronteras sean de interés nacional como el espacio donde interactúan los Estados y se articulan dos sociedades, cuya extensión depende del interés por promover la continuidad, la frontera se incorpora al territorio nacional y regional. La cooperación en todas sus formas y con todos los actores puede promover la conformación de instituciones binacionales que con carácter descentralizado puedan atender y responder a los requerimientos sociales y económicos de la frontera, y por lo tanto, contribuir al desarrollo y la integración.

LA COOPERACIÓN MUNICIPAL FRONTERIZA ENTRE MÉXICO Y LOS ESTADOS UNIDOS[103]

Carlos Camacho Gaos[104]

El vínculo entre México y Estados Unidos

El caso más avanzado en materia de cooperación municipal fronteriza quizá lo constituye la lógica relación interdependiente entre las entidades políticas de la frontera norte de México y las de los Estados Unidos de América. Ahí, tanto estados como municipios tienen una larga tradición de interrelación.

La interdependencia económica, social y cultural entre los condados norteamericanos y los municipios mexicanos no sólo no es nueva, sino que además ha venido acrecentándose con el paso de los años, y con mayor firmeza a partir de la entrada en vigor del Tratado de Libre Comercio de América del Norte (TLCAN) en 1994.

También es importante notar que los flujos migratorios hacia los Estados Unidos de la población mexicana han tenido un impulso durante la última década, viéndose disminuidos sólo en los últimos dos años, producto de la crisis financiera y económica sufrida tanto en los Estados Unidos desde el último trimestre de 2008, como en México durante 2009 e inicio del presente año. Se

---

[103] Agradezco la invaluable colaboración de la Maestra Catherine Prati, Coordinadora Académica de la Escuela de Relaciones Internacionales, y del Licenciado Apolinar Avila.

[104] Director de la Escuela de Relaciones Internacionales, Universidad Anáhuac, México Norte.

estima que entre 200.000 y 300.000 mexicanos cruzan la frontera para instalarse de manera indocumentada cada año. Los cálculos del Consejo Nacional de Población señalan que hoy radican en los Estados Unidos cerca de 32,3 millones de origen mexicano, de los cuales 11,9 son nacidos en México.[105]

Población de origen mexicano residente en Estados Unidos, 1900-2009

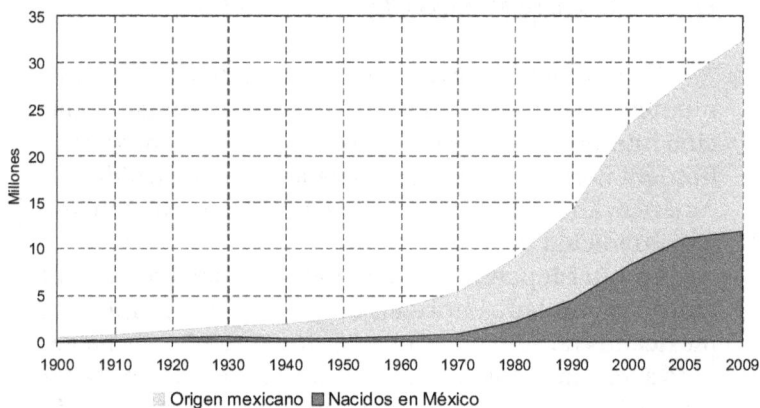

□ Origen mexicano ■ Nacidos en México

---

[105]   Fuente: De 1900 a 1990: elaboración con base en Corona Vázquez Rodolfo (1992), *Estimación de la población de origen mexicano que reside en Estados Unidos*, El Colegio de la Frontera Norte. Cifra 2000, 2005 y 2008: estimaciones de CONAPO con base en US Bureau of Census, *Current Population Survey (CPS)*, y suplementos de marzo de 2000, 2005 y 2009.

Flujo de mexicanos que ingresaron a Estados Unidos el año previo al levantamiento de la encuesta, 2006-2009

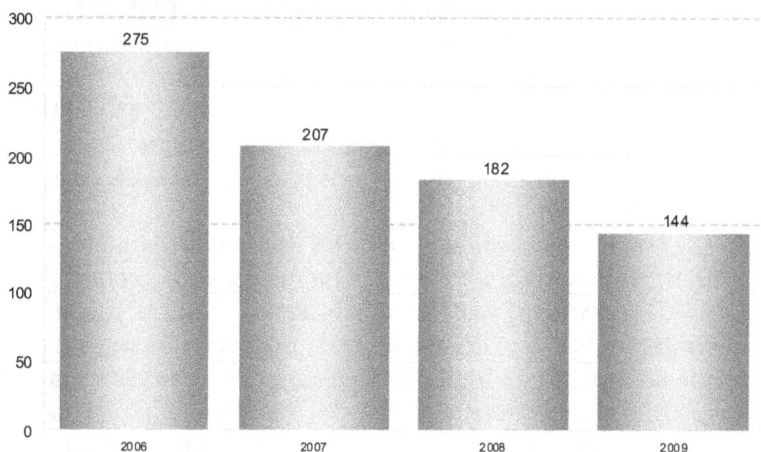

Fuente: Estimaciones de CONAPO con base en US Census Bureau, *Current Population Survey* (CPS), suplementos de marzo de 2006, 2007, 2008 y 2009

Asimismo, hay que recordar que las entidades federativas del norte de México muestran un comportamiento en términos económicos muy favorable cuando se les compara con el resto del país, lo cual ha atraído un crecimiento en los flujos migratorios internos hacia sus principales ciudades, y particularmente hacia las localizadas en la frontera. Lo anterior, sin que se haya privilegiado algún programa de integración inter o intrarregional en las últimas administraciones federales o estatales.[106]

---

[106]   Aguilar Barajas, Ismael (s/f), "Frontera norte de México: agenda de desarrollo e integración económica. Reflexiones sobre el noreste de de México-Texas", en *Revista Mexicana de Política Exterior*, núm. 81.

Tan sólo hay que hacer alusión a la dinámica poblacional. Entre el año 2000 y la proyección para 2012 que hace Consejo Nacional de Población de México (CONAPO), el número de habitantes en los municipios fronterizos mexicanos tendrá un crecimiento de más de 1.817.000 habitantes, al pasar de casi 6.000.000 a más de 7.800.000. Con ello, la frontera representará el 7,1% de la población total del país, teniendo una representación del 6,2% en el año 2000.

Desde 1996, la población de los veinticuatro condados fronterizos norteamericanos se ha incrementado en casi 30%. En 2000, la población estimada de toda la región fronteriza era de 11.800.000 y las proyecciones indican que se espera que la población aumente hasta alcanzar aproximadamente 16.800.000 para el año 2020.[107] Tres de las áreas metropolitanas de mayor crecimiento en los Estados Unidos se encuentran a lo largo de la frontera entre México y EE.UU.

---

[107]   Secretaría de Medio Ambiente y Recursos Naturales (SEMARNAT) (2007), *Informe de Instrumentación y de Mitad de Periodo.*

Población Total de los Municipios Fronterizos 2005-2030
(cifras a mitad de año)

Entidad Federativa / Municipio	2000 *	2005 **	2005	2006	2007	2008	2009	2010	2011	2012
República Mexicana	**97,483,412**	**103,263,388**	**103,946,866**	**104,874,282**	**105,790,725**	**106,682,518**	**107,550,697**	**108,396,211**	**109,219,931**	**110,022,552**
Total Municipios Fronterizos	**5,998,224**	**6,746,203**	**6,724,078**	**6,882,397**	**7,040,355**	**7,197,246**	**7,353,179**	**7,508,250**	**7,662,562**	**7,816,162**
%	6.2	6.5	6.5	6.6	6.7	6.7	6.8	6.9	7.0	7.1
Baja California	**2,487,367**	**2,844,469**	**2,822,478**	**2,907,896**	**2,993,422**	**3,079,363**	**3,165,776**	**3,252,690**	**3,340,161**	**3,428,174**
Subtotal Municipios Fronterizos	**2,487,367**	**2,844,469**	**2,822,478**	**2,907,896**	**2,993,422**	**3,079,363**	**3,165,776**	**3,252,690**	**3,340,161**	**3,428,174**
%	100.0	100.0	100.0	100.0	100.0	100.0	100.0	100.0	100.0	100.0
Ensenada	370,730	413,481	412,540	423,945	434,560	445,141	455,700	466,242	476,776	487,300
Mexicali	764,602	855,962	854,879	873,937	891,361	908,724	926,042	943,326	960,591	977,832
Tecate	77,795	73,305	90,471	93,982	97,960	101,993	106,084	110,232	114,441	118,710
Tijuana	1,210,820	91,034	1,392,321	1,440,515	1,490,111	1,540,072	1,590,420	1,641,168	1,692,340	1,743,928
Playas de Rosarito	63,420	1,410,687	72,267	75,517	79,430	83,433	87,530	91,722	96,013	100,404
Coahuila	**2,298,070**	**2,495,200**	**2,515,416**	**2,545,081**	**2,573,950**	**2,601,884**	**2,628,942**	**2,655,187**	**2,680,675**	**2,705,462**
Subtotal Municipios Fronterizos	**286,904**	**319,353**	**320,723**	**326,229**	**330,999**	**335,614**	**340,082**	**344,404**	**348,588**	**352,644**
%	12.5	12.8	12.8	12.8	12.9	12.9	12.9	13.0	13.0	13.0
Acuña	110,487	126,238	126,385	129,092	131,336	133,505	135,605	137,634	139,596	141,495
Guerrero	2,050	1,877	1,925	1,893	1,860	1,827	1,795	1,763	1,730	1,697
Hidalgo	1,441	1,516	1,533	1,546	1,558	1,570	1,580	1,589	1,598	1,606
Jiménez	9,724	9,768	9,919	9,891	9,839	9,784	9,724	9,661	9,595	9,527
Nava	23,019	25,856	25,959	26,415	26,772	27,115	27,444	27,761	28,064	28,356
Ocampo	12,053	10,183	10,609	10,226	10,004	9,786	9,574	9,367	9,166	8,971
Piedras Negras	128,130	143,915	144,393	147,166	149,630	152,027	154,360	156,629	158,839	160,992
Chihuahua	**3,052,907**	**3,241,444**	**3,256,512**	**3,292,339**	**3,326,882**	**3,359,934**	**3,391,617**	**3,422,047**	**3,451,307**	**3,479,478**
Subtotal Municipios Fronterizos	**1,295,960**	**1,384,360**	**1,383,072**	**1,406,209**	**1,429,993**	**1,453,177**	**1,475,800**	**1,497,910**	**1,519,530**	**1,540,686**
%	42.5	42.7	42.5	42.7	43.0	43.3	43.5	43.8	44.0	44.3
Ascensión	21,939	22,392	22,588	22,595	22,500	22,392	22,271	22,138	21,996	21,845
Guadalupe	10,032	9,148	9,377	9,174	8,990	8,808	8,628	8,451	8,278	8,108
Janos	10,214	8,211	8,596	8,182	7,963	7,754	7,554	7,363	7,181	7,008
Juárez	1,218,817	1,313,338	1,310,302	1,334,864	1,359,787	1,384,102	1,407,849	1,431,072	1,453,788	1,476,025

Manuel Benavides	1,746	1,600	1,640	1,612	1,585	1,558	1,530	1,502	1,475	1,447
Ojinaga	24,307	21,157	21,905	21,229	20,762	20,305	19,859	19,424	19,001	18,589
Praxedis G. Guerrero	8,905	8,514	8,664	8,553	8,406	8,258	8,109	7,960	7,811	7,664
Nuevo León	**3,834,141**	**4,199,292**	**4,221,981**	**4,279,990**	**4,337,085**	**4,393,095**	**4,448,068**	**4,502,035**	**4,555,022**	**4,607,101**
Anáhuac	18,524	17,983	18,292	18,172	18,022	17,867	17,707	17,544	17,378	17,208
Sonora	**2,216,969**	**2,394,861**	**2,413,074**	**2,438,807**	**2,463,707**	**2,487,608**	**2,510,562**	**2,532,639**	**2,553,919**	**2,574,433**
Subtotal Municipios Fronterizos	**527,257**	**599,096**	**600,177**	**611,939**	**622,108**	**632,005**	**641,640**	**651,021**	**660,166**	**669,088**
%	**23.8**	**25.0**	**24.9**	**25.1**	**25.3**	**25.4**	**25.6**	**25.7**	**25.8**	**26.0**
Agua Prieta	61,944	70,303	70,313	71,649	72,489	73,281	74,026	74,726	75,384	76,001
Altar	7,253	8,357	8,396	8,593	8,807	9,017	9,223	9,426	9,625	9,820
Caborca	69,516	70,113	70,947	70,744	70,064	69,365	68,648	67,916	67,172	66,420
Cananea	32,061	32,157	32,644	32,536	32,389	32,227	32,054	31,869	31,674	31,472
Naco	5,370	6,010	6,042	6,149	6,252	6,351	6,447	6,540	6,630	6,718
Nogales	159,787	193,517	192,625	198,431	203,719	208,901	213,976	218,948	223,820	228,591
Puerto Peñasco	31,157	44,875	44,313	46,926	49,828	52,742	55,669	58,604	61,548	64,499
San Luis Río Colorado	145,006	157,076	158,154	159,930	161,481	162,950	164,342	165,661	166,913	168,102
Santa Cruz	1,628	1,786	1,800	1,826	1,859	1,891	1,922	1,952	1,981	2,010
Sáric	2,257	2,486	2,504	2,543	2,577	2,611	2,644	2,674	2,704	2,733
General Plutarco Elías Calles	11,278	12,416	12,439	12,612	12,643	12,669	12,689	12,705	12,715	12,722
Tamaulipas	**2,753,222**	**3,024,238**	**3,035,926**	**3,076,329**	**3,116,054**	**3,154,947**	**3,193,017**	**3,230,307**	**3,266,824**	**3,302,611**
Subtotal Municipios Fronterizos	**1,382,212**	**1,580,942**	**1,579,336**	**1,611,952**	**1,645,811**	**1,679,220**	**1,712,174**	**1,744,681**	**1,776,739**	**1,808,362**
%	**50.2**	**52.3**	**52.0**	**52.4**	**52.8**	**53.2**	**53.6**	**54.0**	**54.4**	**54.8**
Camargo	16,787	17,587	17,761	17,864	17,953	18,033	18,105	18,168	18,224	18,271
Guerrero	4,366	3,861	3,982	3,874	3,795	3,718	3,641	3,566	3,493	3,422
Gustavo Díaz Ordaz	16,246	15,028	15,387	15,093	14,823	14,554	14,286	14,020	13,756	13,494
Matamoros	418,141	462,157	463,955	470,894	478,355	485,653	492,788	499,767	506,587	513,256
Mier	6,788	6,539	6,672	6,602	6,545	6,487	6,427	6,365	6,302	6,238
Miguel Alemán	25,704	24,020	24,520	24,080	23,634	23,190	22,751	22,316	21,887	21,462
Nuevo Laredo	310,915	355,827	355,832	363,252	371,361	379,386	387,328	395,185	402,960	410,653
Reynosa	420,463	526,888	520,358	538,906	557,566	576,093	594,475	612,711	630,791	648,720
Río Bravo	104,229	106,842	108,100	108,157	108,030	107,862	107,656	107,414	107,139	106,833
Valle Hermoso	58,573	62,193	62,769	63,230	63,749	64,244	64,717	65,169	65,600	66,013

* Cifras del Censo de Población y Vivienda 2000 INEGI

** Cifras del Conteo de Población y Vivienda 2005 INEGI

Fuente: CONAPO

Otra representación de la importancia de los estados y municipios de la frontera norte mexicana se puede observar en su participación en el Producto Interno Bruto (PIB), la cual llega a ser superior al 23% del nacional, de acuerdo a las últimas cifras publicadas por el Instituto Nacional de Estadística y Geografía de México (INEGI).[108] Esto ha generado una muy buena parte de la dinámica poblacional aludida, como resultado de un dinamismo muy diferente en los estados fronterizos, que vieron aumentado su PIB en 71% entre 1993 y 2006, mientras que lo alcanzado a nivel nacional fue de 46%.

	Frontera Norte - Producto Interno Bruto							
	(Millones de pesos a Precios de 2003)							
Periodo	Total Nacional	Subtotal Frontera	Baja California	Coahuila de Zaragoza	Chihuahua	Nuevo León	Sonora	Tamaulipas
2003	7,162,773	1,624,281	216,923	234,361	237,890	521,232	169,527	244,347
2004 p/	7,454,148	1,715,541	228,527	244,613	250,271	551,703	179,373	261,054
2005	7,698,197	1,775,464	237,266	249,809	259,192	577,391	186,535	265,271
2006	8,070,233	1,874,917	249,269	265,108	274,144	617,028	202,561	266,806
2007	8,348,396	1,958,578	255,548	270,336	283,457	656,080	208,078	285,079
2008	8,475,564	1,987,444	255,693	275,916	284,410	665,553	210,127	295,746
	(Participación Porcentual)							
2003	100.0	22.7	3.0	3.3	3.3	7.3	2.4	3.4
2004 p/	100.0	23.0	3.1	3.3	3.4	7.4	2.4	3.5
2005	100.0	23.1	3.1	3.2	3.4	7.5	2.4	3.4
2006	100.0	23.2	3.1	3.3	3.4	7.6	2.5	3.3
2007	100.0	23.5	3.1	3.2	3.4	7.9	2.5	3.4
2008	100.0	23.4	3.0	3.3	3.4	7.9	2.5	3.5
p/	Cifras preliminares a partir de la fecha que se indica.							
Fuente:	INEGI. Sistema de Cuentas Nacionales de México.							

En el mismo sentido, se ha demostrado en diversas publicaciones que el crecimiento económico de los estados del norte de México, está estrechamente ligado al desarrollo de la economía norteamericana, y en particular, al que se da en estados como Texas.[109]

---

[108] INEGI, Sistema de Cuentas Nacionales de México.

[109] Ayala Gaytán, Edgardo; Chapa Cantú, Cecilia y Hernández González, Izabel (2009), "Integración Regional binacional: evidencia para los es-

Las relaciones formales intermunicipales

Con un flujo migratorio de una magnitud tan importante como la observada entre México y los Estados Unidos, y el asentamiento de la población mexicana en las ciudades próximas a la frontera en una proporción relevante, los nexos y ligas no sólo económicos sino también sociales conllevan a la necesaria interrelación entre los gobiernos o instituciones de gobierno, tanto estatales como municipales, de cada lado de la frontera. Sin embargo, hasta el momento se puede decir que a nivel municipal y aun estatal no se ha sobrepasado la etapa de la buena voluntad y del acuerdo político con manifestaciones que no llegan al terreno práctico.

En ese sentido, el primer acuerdo de cooperación descentralizada se firmó en 1987 entre Tlahuililo, un municipio del Estado de Durango de escasos 20.000 habitantes, mayormente dedicado a la agricultura, con Laredo, Texas. Cabe señalar que el documento del acuerdo era muy deficiente, ya que sólo lo constituía un breve párrafo que no indicaba ni las áreas de cooperación, ni su duración.

A la fecha, a nivel mexicano se han firmado 72 convenios intermunicipales. Más del 80% a partir del año 2000 y arriba del 50% después del año 2005. De acuerdo con la información de la Secretaría de Relaciones Exteriores,[110] de estos convenios se tienen 37 instrumentos (acuerdos, convenios, hermanamientos) entre autoridades locales (estados y municipios) de ambos lados de la frontera, que ciertamente muestran la buena voluntad de colaboración y cooperación, pero que en el día a día y en la práctica sólo

---

tados del norte de México y Texas", en *Revista Frontera Norte*, vol. XXI, núm. 41, enero-junio de 2009, México, Colegio de la Frontera Norte.

[110]   Secretaría de Relaciones Exteriores, Dirección General de Coordinación Política. Gobiernos Locales.

dan respuesta a temáticas demasiado generales, como el desarrollo económico, el desarrollo del comercio y del turismo, la promoción de inversiones, el medio ambiente, la calidad costera, la infraestructura en los puertos fronterizos, el intercambio educativo, tecnológico y científico, el intercambio cultural y deportivo, los servicios de asesoría jurídica, la seguridad pública y salud.

De acuerdo con el registro mencionado, Baja California tiene seis instrumentos firmados, Chihuahua ocho, Coahuila seis, Nuevo León trece, Tamaulipas cuatro y sorprendentemente Sonora no cuenta con ninguno.

Al igual que es importante para la economía de las ciudades mexicanas fronterizas el crecimiento que se da en las localizadas en los Estados Unidos, para estas últimas se puede observar una dependencia económica recíproca que sin ser de la misma magnitud tiene relevancia. Por lo que se puede aducir que es del interés económico y político de los condados y estados de la Unión Americana conocer e influir en un mejor desarrollo de las economías regionales al sur de la frontera.

Los acuerdos suscritos entre los municipios de ambos lados de la frontera muestran ciertamente la buena voluntad para la cooperación. Se trata antes que todo de programas de colaboración que buscan establecer relaciones de largo plazo cuya base es el intercambio de iniciativas y experiencias en áreas de común acuerdo.

Desde el año 2001, la Secretaría de Relaciones Exteriores[111] ha adaptado su estructura administrativa a la creciente dinámica de internacionalización de los gobiernos locales. Como una estrategia de difusión de las acciones que en México se llevan a cabo en materia de

---

[111]   Sitio de la Secretaría de Relaciones Exteriores, Dirección de Gobiernos Locales. Disponible en línea: http://portal2.sre.gob.mx/enlace/index. php?option=com_content&task=view&id=12&Itemid=5&Itemid=113

cooperación internacional descentralizada, la Cancillería
pone a disposición de los gobiernos locales un *Micrositio
de Gobiernos Locales,* como un espacio de información,
orientación y apoyo a las autoridades locales mexicanas
para el mejor ejercicio de sus relaciones internacionales.

Pero por otra parte, se observa que en los acuerdos
suscritos no se advierten contenidos concretos de las acciones a emprender. De muy lejos, predominan aún los
acuerdos relacionados con temas como 1) comercio, negocios y promoción de inversiones; 2) turismo; 3) cultura
y deportes; y en proporciones mucho menores 4) medio
ambiente; 5) educación, ciencia y tecnología; y 6) administración municipal.

Es notable observar que conforme van pasando los
años, los acuerdos enlistan una cantidad más importante
de temas, abriendo espacios para una amplia cooperación
en áreas muy *sui generis,* como por ejemplo desarrollo y
promoción de la costa y puertos (Acuerdo entre Mérida,
Yucatán y New Orleans, 2009), y dejando en la mayoría de
los casos la posibilidad de una mayor cooperación con la
muy socorrida fórmula "cualquier otra área de cooperación
que las partes convengan".

Tampoco podemos dejar de referirnos a curiosos acuerdos que buscan vincular a las entidades en el campo de la
cooperación política (acuerdo entre Río Grande, Zacatecas
y Colton, California, 2002), o del tratamiento de las situaciones de emergencia (acuerdo sobre Comunicaciones
Transfronterizas y Estrategias para Respuesta a Situaciones
de Emergencia entre el Municipio de Juárez Chihuahua
y las Ciudades del Paso, Texas y Sunlland Park, Nuevo
México, 2007), sin que jamás se defina lo que se entiende
por *cooperación política* o *estrategias para respuesta a situaciones de emergencia.* En todos los casos, sólo se trata
de *acuerdos marco,* llenos de declaraciones de intención

sin que ninguno defina objetivos ni mucho menos presente un desglose temático de futuras políticas públicas.

Los temas giran alrededor de: 1) realizar intercambio de información; 2) brindar capacitación e intercambio de recursos humanos; 3) fomentar visitas de ciudadanos; 4) difundir y promover obras culturales, turísticas, deportivas y sociales; 5) promover intercambios económicos, industriales (incluyendo ferias y exposiciones); 6) realizar proyectos y programas de colaboración; 7) realizar acuerdos de extensión de las áreas de cooperación.

Singular también es la forma de dichos acuerdos. La Ley sobre la Celebración de Tratados de México, publicada en el Diario Oficial de la Federación el 2 de enero de 1992, creó la figura de los "Acuerdos Interinstitucionales", retomando lo que en la práctica internacional sucedía con frecuencia entre los Estados. Entre otras cuestiones, la Ley concede atribuciones para firmar acuerdos interinstitucionales no sólo a las dependencias y organismos públicos descentralizados del gobierno federal, sino también a los estados de la federación y a los municipios.

En su artículo 7°, la Ley establece los requerimientos para que un gobierno local, sea del orden estatal o municipal, pueda celebrar este tipo de instrumentos. Uno de ellos se refiere a la obligación de remitir a la Secretaría de Relaciones Exteriores una copia del documento firmado, a fin de inscribirlo en el Registro de Acuerdos Interinstitucionales.

Si bien todos los acuerdos cumplen con las obligaciones legales, se observa que no existe homogeneización en cuanto al formato. Van del documento extremadamente formal a la simple acta notarial. Además, ninguno de estos acuerdos responde a un proyecto integral para abordar las múltiples aristas de la agenda bilateral con Estados Unidos, tristemente obedecen en muchos casos –demasiados– a la capacidad de los protagonistas de entablar relaciones personales.

El fenómeno de la globalización –que algunos llamarían "norteamericanización"– de la economía mexicana, particularmente en los estados del norte del país, trae consigo una mayor interdependencia y consecuentemente la necesidad de atacar los problemas que surgen de la rápida industrialización, migración sin control, incremento en los niveles de pobreza, marginación urbana y contaminación ambiental, independientemente de los efectos directos y de las externalidades positivas que conlleva el fenómeno en las economías regionales y en particular en los espacios locales. En la medida en que la integración que se da como resultado de las fuerzas del mercado trae beneficios y perjuicios, éstos no se circunscriben a una ciudad o comunidad en particular, sino que se transmiten hacia la región vecina.

Ante esta situación, la cooperación internacional transfronteriza representa una herramienta que no se debe desaprovechar, sino todo lo contrario, dado que puede significar la ampliación de las ventajas comparativas de los diversos espacios locales, y la oportunidad de desarrollar nuevas capacidades y responsabilidades de las autoridades municipales ante los cambios estructurales de carácter económico, político y social que se viven de manera vertiginosa. Ponce Adame[112] señala que cuando esta colaboración se experimenta de gobierno local a gobierno local, se ponen en marcha a través de instituciones semejantes, programas y proyectos adaptados a las necesidades de quien recibe y las potencialidades de quien la presta. Lo cual resulta muy positivo cuando la cooperación se da entre gobiernos con cierta afinidad, en lo tocante a su

---

[112]   Ponce Adame, Adelaida (2007), *Dificultades y posibilidades de la cooperación internacional para el desarrollo local en América Latina*, Granada, España, Instituto de de Investigación Urbana y Territorial, Unión Iberoamericana de Municipalistas.

problemática territorial, capacidad técnica de gestión y nivel de desarrollo. Respondiendo a una cooperación más horizontal y en esquemas de mayor interdependencia y complementariedad.

Ahora bien, si se analizan muchos de los temas de carácter ambiental que la "conurbación" fronteriza genera, encontraremos que el campo de acción para la colaboración y cooperación internacional entre autoridades locales resulta más que amplio y retador. Y este es quizás el caso más patente en la frontera entre ambos países.

Sin embargo, es necesario tener en cuenta que las capacidades legales, así como la realidad administrativa de los municipios mexicanos y sus instituciones (cabildos y organismos paraestatales), resultan ser muy diferentes a las que se tienen en los condados norteamericanos, lo cual impide que se dé una estrecha colaboración entre ambos. La naturaleza legal del municipio mexicano circunscrito a periodos administrativos de tres años, sin reelección, coartan muchas de las posibilidades de planeación y de compromiso que se darían de tener otro contexto. Mientras que del lado norteamericano esta situación no significa una limitante y las posibilidades resultan muchísimo más amplias. También resulta relevante hacer notar que los municipios mexicanos, por lo general, se encuentran con déficits importantes de personal tanto en calidad como en cantidad para atender las tareas que normalmente se tendrían que realizar. En una publicación muy reciente, Roberto Newell,[113] del Instituto Mexicano de Competitividad (IMCO), señala que la diferencia entre el personal administrativo y operativo llega a ser de diez veces a una si se comparan los promedios de los Estados Unidos y de México.

---

[113]   Newell, Roberto (2010), *Periódico Reforma,* sección de Negocios, 27 de mayo de 2010.

También es necesario considerar que la planeación gubernamental en México ha tenido como característica primordial la de generarse centralmente, ya sea desde el gobierno federal como de los gobiernos estatales, lo cual ha creado una serie de instrumentos y herramientas que "impiden" o limitan la participación de los gobiernos locales y más aun de las comunidades. Esta realidad ha llevado al aislamiento de estas últimas en la toma de decisiones, lo cual no necesariamente ha beneficiado el desarrollo económico sustentable de la frontera.

Programa Ambiental Fronterizo México-Estados Unidos: Frontera 2012

Como se mencionaba anteriormente, quizás el tema más urgente a atender por todos los medios y en un ánimo de cooperación internacional es el que se presenta con la situación ambiental de la frontera norte. Por ello los gobiernos federales de ambos países instituyeron el Programa Ambiental Fronterizo México-Estados Unidos: Frontera 2012.[114] Su objetivo es "proteger el medio ambiente y la salud pública en la región fronteriza entre los Estados Unidos y México, de forma consistente con los principios del desarrollo sustentable."

A continuación se muestran los avances más importantes, teniendo en cuenta que aunque no se menciona explícitamente, salvo en ocasiones muy precisas, este programa ha contado con la participación de los gobiernos municipales mexicanos y de los condados y organizaciones tribales de los Estados Unidos de América. Desde luego que en todo momento el ánimo es el de lograr resolver los múltiples problemas ambientales que aquejan a ambos

---

[114]   SEMARNAT (2007), *op. cit.*

lados de la frontera, siendo las principales beneficiarias las ciudades fronterizas mexicanas.

En el marco legal, el primer instrumento que establece la cooperación bilateral en materia ambiental entre México y los Estados Unidos de América es la Convención para la Protección de Aves Migratorias y de Mamíferos Cinegéticos, firmada en 1936. Asimismo, con la firma del Tratado sobre Distribución de Aguas Internacionales entre México y los Estados Unidos de América el 3 de febrero de 1944, se crea la Comisión Internacional de Límites y Aguas (CILA), primer mecanismo de cooperación bilateral. Sin embargo, es con la firma del Convenio para la Protección y Mejoramiento del Ambiente en la Zona Fronteriza (Convenio de la Paz de 1983) que ambos gobiernos formalizan la cooperación e inician acciones coordinadas para el cuidado del medio ambiente, particularmente en la zona fronteriza, definida por este Convenio como el área comprendida entre los 100 kilómetros de ancho en cada lado de la frontera común. En particular, se señala en el programa Frontera 2012:

> Como Coordinadores Nacionales de Frontera 2012 en la Secretaría de Medio Ambiente y Recursos Naturales de México (SEMARNAT) y la Agencia para la Protección del Medio Ambiente de los Estados Unidos (EPA por sus siglas en inglés), expresamos nuestro más profundo agradecimiento a las autoridades ambientales en los diez Estados Fronterizos: a las Tribus Fronterizas de los Estados Unidos; a los co-presidentes y el personal de los Grupos de Trabajo Regionales y Fronterizos del programa, los Foros de Política (y sus respectivos Equipos de Trabajo); a los socios académicos, industriales y ONG: y a las comunidades que se encuentran a lo largo de la frontera y que se han comprometido activamente con nosotros para exponer nuestra visión colectiva para mejorar las condiciones ambientales para todos los residentes fronterizos.

Es notoria la ausencia de la personalidad de los municipios en la concepción del Programa, aunque reitero que la actuación de éstos se da ya sea a través de las autoridades o cabildos o bien a través de agencias gubernamentales o paraestatales locales, cuya colaboración se reconoce en muy pocas ocasiones.

Desde su creación, el Programa Frontera 2012 ha demostrado el poder de las sociedades y el ánimo de colaboración. Con el liderazgo de los diez Estados fronterizos, veintiséis Tribus en Estados Unidos, muchas instituciones binacionales, y participación activa de comunidades fronterizas, el Programa 2012 ha nivelado conocimiento, recursos y experiencia para mejorar significativamente la calidad de vida y el ambiente de comunidades a lo largo de la frontera de México con Estados Unidos.

Los principios que guían al Programa son:

- Alcanzar resultados concretos y mensurables.
- Apoyar la transparencia y la participación del público.
- Adoptar un enfoque de abajo hacia arriba al fijar prioridades y tomar decisiones.
- Medir el progreso del Programa.
- Reducir los más altos riesgos de salud pública.
- Reconocer la soberanía de las Tribus Americanas.
- Reconocer la deuda histórica de indígenas en México.
- Atender impactos ambientales desproporcionados.
- Mejorar la participación de Interesados.
- Reforzar la capacidad.

El Programa Fronterizo México-EE.UU. 2012, incluye seis metas que abarcan la reducción de la contaminación del aire, agua y suelo, el mejoramiento de la salud ambiental, la reducción de la exposición a productos químicos resultantes de una liberación accidental o del terrorismo y el mejoramiento del desempeño ambiental a través del cumplimiento de la prevención de la contaminación y la promoción de una gestión ambiental adecuada.

De acuerdo con el informe, muchos millones de dólares han sido invertidos en 109 proyectos a lo largo de la frontera. La participación de los diez Estados fronterizos también ha sido decisiva para asegurar el éxito del programa. Destacan las medidas que han acelerado la disponibilidad de combustible diesel ultra-bajo en azufre en la frontera, y han proporcionado de manera consistente valiosas recomendaciones relacionadas con modificaciones del programa contribuyendo al establecimiento de prioridades que facilitan el progreso del Programa 2012.

El tema del agua es uno de los principales retos ambientales a los que se enfrentan las poblaciones fronterizas en la zona. Las nuevas oportunidades de empleo industrial han dado como resultado un conjunto de viviendas provisionales que se han levantado cerca de los parques industriales en las grandes ciudades fronterizas del norte de México, ofreciendo viviendas en condiciones por debajo de los estándares, que carecen de servicios sanitarios adecuados y de agua potable; las letrinas son muchas veces la única forma disponible para la remoción de aguas negras. A ello se suma que los contaminantes procedentes de ambos países contaminan los cuerpos de agua compartidos debido al tratamiento inadecuado de las aguas negras. Asimismo, en las áreas rurales, los escurrimientos de agua procedente de la agricultura y los residuos químicos contaminan el agua potable.

Con una población que continúa creciendo y aguas subterráneas que se están agotando rápidamente, la cooperación binacional y una infraestructura sustentable siguen siendo los principales retos a lo largo de la frontera.

Aun cuando los cuerpos de agua compartidos se han beneficiado de las mejoras en la infraestructura, las aguas negras y otros contaminantes permanecen contaminando los acuíferos binacionales, el agua superficial y las aguas marinas en las costas. El inadecuado sistema de drenaje de aguas pluviales, muchas veces resulta en frecuentes inundaciones durante las temporadas de lluvias intensas. Los problemas en la calidad del agua ocasionados por estas deficiencias en la infraestructura tienen un impacto importante.

Las inversiones conjuntas relacionadas con la infraestructura de agua potable y aguas residuales para las comunidades mexicanas entre 2001 y 2005 han sido con fondos proporcionados por la Comisión Nacional del Agua, los estados fronterizos, los municipios, EPA (Agencia de Protección Ambiental), COCEF (Comisión de Cooperación Ecológica Fronteriza) y BANDAN (Banco de Desarrollo de América del Norte). Estas inversiones, junto con mejoras considerables en el desempeño de muchos servicios de agua, dieron como resultado un incremento en el acceso al agua potable y el tratamiento de aguas residuales para muchas comunidades fronterizas mexicanas. En gran parte, estos logros se deben a la colaboración entre EPA y la Comisión Nacional del Agua (CONAGUA), a través del Programa para la Infraestructura Fronteriza de Agua Potable y Aguas Residuales, el apoyo de los estados fronterizos, las tribus y los *municipios*, y la participación tanto de la COCEF como del BANDAN.

Durante los últimos tres años, los fondos de Frontera 2012 financiaron veintidós proyectos a lo largo de la región fronteriza para evaluar la calidad del agua superficial, proteger los acuíferos compartidos, evaluar la eficacia de tecnologías novedosas para el tratamiento de aguas residuales y proporcionar capacitación a los residente fronterizos, trabajadores municipales y otros, sobre mantenimiento a los sistemas de agua y prácticas sanitarias básicas.

Aproximadamente el 30% de los proyectos de agua se enfocaron en el fortalecimiento de los organismos operadores de los sistemas de agua a lo largo de la frontera, los cuales incluyeron la capacitación de operadores para el tratamiento de aguas residuales y el desarrollo de una base de datos de aguas residuales.

Por otro lado, la calidad del aire constituye una importante preocupación a lo largo de toda la región fronteriza. Las presiones relacionadas con el crecimiento industrial y poblacional, el incremento en el número de automóviles viejos, las diferencias en los marcos regulatorios y de gobierno, y las condiciones topográficas y meteorológicas presentan un contexto colmado de retos para la gestión de la calidad del aire. Entre las fuentes más comunes de contaminantes se encuentran los automóviles de motor, las plantas de energía, las instalaciones industriales, las operaciones agrícolas, el polvo proveniente de caminos sin pavimentar y la quema al aire libre de basura y campos agrícolas. Entre los contaminantes más comunes y dañinos procedentes de estas fuentes se encuentran el bióxido de azufre, partículas suspendidas, bióxido de nitrógeno, ozono a nivel de suelo y monóxido de carbono. Todos estos contaminantes degradan la calidad del aire urbano y regional en la zona fronteriza, y constituyen un reto.

Entre los éxitos del Programa Frontera 2012 se encuentran las alianzas binacionales, que han sido creadas para alcanzar las metas del programa. Una parte del éxito reside en el hecho de que estas alianzas existen en todos los niveles: nacional, regional y local. El Foro de Política del Aire fue creado para proporcionar una instancia binacional para discutir temas relacionados con la calidad del aire a lo largo de la frontera entre México y EE.UU. El foro ha trabajado para identificar y priorizar las metas comunes y crear un consenso en cuanto a las acciones federales necesarias para ocuparse de las prioridades binacionales. Durante los dos últimos años, el foro ha comenzado a reducir su enfoque para: 1) mejorar la calidad del aire, cumpliendo con los estándares de calidad tanto de los Estados Unidos como de México (*National Ambient Air Quality Standards* y Normas de Calidad del Aire respectivamente) por medio de enfoques reglamentarios, basados en los mercados y voluntarios para desarrollar inventarios de emisiones y desarrollar y/o conservar las redes de monitoreo de calidad del aire; y 2) por medio de proyectos para la reducción de emisiones al aire.

Por último, una infraestructura inadecuada para la gestión del agua, además de problemas como sitios de basureros improvisados, sitios de relleno sanitario no supervisados, incendios en tiraderos de llantas de desecho y otros factores, contaminan el suelo a lo largo de la frontera. Por ejemplo, la constante demanda de llantas usadas, procedentes de los Estados Unidos, que existe en México, hace que las ciudades fronterizas alberguen tiraderos temporales que contienen millones de llantas de desecho. Los incendios en estos tiraderos pueden generar una aguda contaminación del aire y el agua. Además, estos lugares sirven como sitios ideales para la reproducción de mosquitos, roedores y otros bichos que son portadores del virus del Nilo Occidental y el paludismo. El programa Frontera 2012 se ocupa de los tiraderos de llantas, instalaciones adecuadas para la eliminación de residuos y un manejo adecuado de residuos peligrosos.

Los esfuerzos se han encaminado a desarrollar un plan de acción que identifique y dé prioridad a las acciones para fortalecer la capacidad institucional y de infraestructura para la gestión de residuos y la prevención de la contaminación. El plan se enfoca en desarrollar la capacidad para evitar los tiraderos de llantas de desecho, una mejor gestión de ciertos ciclos de generación de residuos e incrementar / mejorar los sitios de rellenos sanitarios municipales, así como a rastrear el movimiento transfronterizo de los residuos peligrosos. Se busca en última instancia desarrollar una política binacional para la limpieza o revitalización de los sitios contaminados en la región de la frontera.

En suma el Programa Frontera 2012 atiende las necesidades más urgentes, aquí se han descrito los avances en tres de las seis vertientes que resultan más urgentes y apremiantes. Ciertamente hay que reconocer que dentro de la compleja agenda binacional se da no sólo lo voluntario sino también acciones reales, aunque quizá no sean todo lo contundentes que se quisiera. Aunque lo relatado aquí sea sólo un ejemplo de la colaboración entre ambas naciones –existen muchos más–, es notoria la ausencia del protagonismo de las autoridades locales en el reporte que presenta la Secretaría de Medio Ambiente y Recursos Naturales.

La cooperación intermunicipal transfronteriza

La naturaleza de la cooperación horizontal entre entidades locales similares (guardando la debida proporción de recursos y avances tecnológicos) de ambos lados de la frontera, induce a pensar que no se han generado, y mucho menos explotado, las posibilidades reales que podrían alcanzarse de tener un arreglo institucional diferente, mucho más evolucionado, que permitiera escuchar la voz de las comunidades a través de sus propias autoridades.

El fenómeno de la cooperación entre municipios pertenecientes a estados distintos no es una fórmula novedosa, producto de la interdependencia en tiempos globalizados, buscando nuevos esquemas de cooperación. Nació al inicio de la década de 1950, cuando era impostergable, para conservar el frágil equilibrio entre las naciones al finalizar la Segunda Guerra mundial, (re)construir el tejido social internacional sobre bases innovadoras. Es así como floreció la *hermandad entre municipios* en Europa Occidental primero, entre el Oeste y Este después, y finalmente entre el Norte y el Sur trascendiendo la escala regional para experimentar con enorme éxito al nivel internacional.

Más allá de los íconos folklóricos,[115] la cooperación intermunicipal mueve las mentalidades y construye nuevas identidades. A través del diálogo los municipios y las regiones dan la vuelta a los antagonismos entre los estados y movilizan las buenas voluntades. Están más cerca de los individuos ya que comparten con las comunidades las mismas preocupaciones.

Como en los años 1950, en el México de hoy se sigue pensando que alentar la cooperación descentralizada significa roer el monopolio del Estado en materia de política exterior.[116] Más simplemente significa construir puentes armados con una lógica diferente a la lógica de Estado para afrontar problemas sencillos, porque acontecen en lo cotidiano por voluntades afectadas en primera persona. La cooperación descentralizada demuestra hoy más que nunca que la interdependencia empieza en casa.

---

[115] Chombard-Gaudin, Cécile (1992), "Pour une histoire des villes et communes jumelées", en *Vingtiéme siécle. Revue d'histoire*, Paris, Sciences Po University Press.

[116] Schiavon, Jorge A. (2001), "La política externa de las entidades federativas mexicanas: un estudio comparativo con seis federaciones", *Revista mexicana de política exterior*, núm. 64, pp. 11-42.

Bibliografía General

"Este año disminuyeron los robos, asaltos y homicidios", en *La Prensa Libre. San José, Costa Rica*, 15 de diciembre de 2009. Disponible en línea: www.prensalibre.cr

"Hasta ahora el país toma conciencia de lo que pasa", en *Al Día*, San José, Costa Rica, jueves 10 de enero de 2008.

"Ubican a guerrilla en Venezuela", en *El Universal*, Caracas, 16 de julio.

Acuerdo de Delegación entre Secretaría General de la Comunidad Andina y las Municipalidades de Tulcán-Ecuador e Ipiales-Colombia. Lima, Perú (2009).

Aguayo, Sergio (1985), "La seguridad nacional y la soberanía mexicana entre Estados Unidos y América Central", en Ojeda, Mario (compilador), *Las relaciones de México con los países de América Central*, México, el Colegio de México.

Aguilar Barajas, Ismael (s/f), "Frontera norte de México: agenda de desarrollo e integración económica. Reflexiones sobre el noreste de de México-Texas", en *Revista Mexicana de Política Exterior*, núm. 81

Aguilera, Gabriel (1989), "Esquipulas y el conflicto interno en Centroamérica", en Córdova Macias, Ricardo y Benítez Manaut, Raúl, *La Paz en Centroamérica: Expediente de documentos fundamentales, 1979-1989*, México, CIIH-UNAM.

Alcalá Quintero, Francisco (1973), "México y su relación con el Mercado Común Centroamericano", en *Foro Internacional*, México, núm. 54, octubre-diciembre.

Altmann, Josette y Rojas Aravena, Francisco (editores) (2008), *América Latina y el Caribe: ¿Fragmentación o Convergencia? Experiencias recientes de la integración*, Colección 50 años, FLACSO, Sede Ecuador, Ministerio de Cultura del Ecuador y Fundación Carolina, Quito, Ecuador.

Altmann, Josette y Rojas Aravena, Francisco (editores) (2008), *Las paradojas de la integración en América Latina y el Caribe*, Madrid, Fundación Carolina / Siglo XXI Editores.

Álvarez de Flores, Raquel (2007), "América Latina entre fronteras difusas. Desafíos de la integración", en *Cuadernos Latinoamericanos*, Maracaibo, Venezuela. Universidad del Zulia, Centro Experimental de Estudios Latinoamericanos, núm. 32, diciembre de 2007.

Ángel Castillo, Manuel; Toussaint, Mónica y Vázquez, Mario (2006), *Espacios diversos, historia en común. México, Guatemala y Belice: la construcción de una frontera*. Secretaría de Relaciones Exteriores / AHD, México.

Asociación Civil Transparencia (2010) *Estado de situación sobre buenas prácticas que contribuyen a la paz y el desarrollo. Regiones Perú-Chile-Ecuador*. Lima, Perú, abril de 2010. Agenda prioritaria para cooperación no reembolsable, Plan Binacional Ecuador-Perú, doce años de Paz.

Autoridad Binacional Autónoma Del Sistema Hídrico del Lago Titicaca, Río Desaguadero, Lago Poopó y Salar de Coipasa (2010), *Plan Operativo Anual POA 2010*. Disponible en línea: http://www.alt.perubolivia.org

Ayala Gaytán, Edgardo; Chapa Cantú, Cecilia y Hernández González, Izabel (2009), "Integración Regional binacional: Evidencia para los estados del norte de México y Texas", en *Revista Frontera Norte*, vol. XXI, núm. 41, enero-junio 2009. Colegio de la Frontera Norte.

Benítez Manaut, Raúl y Córdova Macias, Ricardo (1989), "México-Centroamérica: percepciones mutuas y trayectoria de las relaciones (1979-1986)", en Benítez Manaut, Raúl y Córdova, Ricardo (editores), *México en Centroamérica. Expediente de documentos fundamentales (1979-1986)*, Centro de Investigaciones Interdisciplinarias en Humanidades, UNAM, México.

Benítez Manaut, Raúl (1992), "Geopolítica, distensión y negociaciones en el Tercer Mundo: el caso de América Central", en *Anuario CIP 1991-1992. Paz, Militarización y Conflictos*, ICARIA, Barcelona.

Benítez Manaut, Raúl (2002), "Chiapas: crisis y ruptura de la cohesión social. Desafíos de la negociación hacia el siglo XXI", en Rojas Aravena, Francisco y Goucha, Moufida (editores), *Seguridad Humana, Prevención de Conflictos y Paz en América Latina y el Caribe*, UNESCO-FLACSO, Santiago de Chile.

Bustamante, Ana (2010), "Diez años en la relación transfronteriza colombo-venezolana", en Ramos, Francesca, Carlos Romero y Hugo Ramírez (editores), *Hugo Chávez, Una década en el poder*, Bogotá, CEPI / OV / UR.

Cardozo, Elsa (2008), *Ingobernabilidad e inseguridad en la región andina: La crisis Ecuador-Colombia-Venezuela y los retos a la seguridad cooperativa*, Caracas, ILDIS.

Centro Unificado de Frontera CUF Santo Tomé-Sao Borja. Disponible en línea: www.gendarmeria.gov.ar/pasos; www.camarco.cl/; Seminario Facilitación Fronteriza MERCOVÍA SA.

Chombard-Gaudin, Cécile. (1992), "Pour une histoire des villes et comunes jumelées", en *Vingtiéme siécle. Revue d'histoire*, Paris, Sciences Po University Press.

Comunidad Andina, Secretaría General (2010), *Informe de avance de los Proyectos de Integración y Desarrollo Fronterizo (09/03/2010). Plan Integral de desechos sólidos: Ipiales-Tulcán*, XXIII Reunión del Grupo de trabajo de Alto Nivel para la Integración y Desarrollo Fronterizo-GANIDF, 30 y 31 de marzo de 2010, Lima Perú.

CONAPO con base en US Bureau of Census, *Current Population Survey (CPS)*, y suplementos de marzo de 2000, 2005 y 2009

Córdova Macias, Ricardo y Benítez Manaut, Raúl (comps.) (1989), *La Paz en Centroamérica: Expediente de documentos fundamentales, 1979-1989*, México CIIH-UNAM.

Corona Vázquez Rodolfo (1992), *Estimación de la población de origen mexicano que reside en Estados Unidos*, El Colegio de la Frontera Norte.

Dirección Ejecutiva Nacional de El Salvador (2010), *Planificación Estratégica y Operativa de la Región del Trifinio El Salvador-2010-2014*, marzo de 2010.

Donoso Moreno, Claudia (compiladora) (2009), "Ecuador-Perú. Evaluación de una década de paz y desarrollo", en Cornejo Boris, *Logros y perspectivas: Diez años de integración fronteriza Ecuador y Perú*, Quito, Ecuador, FLACSO, Sede Ecuador.

Fernández Majón, D. (2005), "El papel de las regiones en la dinámica fronteriza en Europa", en *Revista CIDOB d' Afers Internacionals*, núm. 69, Barcelona, CIDOB, p. 70.

FLACSO (2007), *Reporte Sector Seguridad. Centroamérica*, Santiago, FLACSO e Instituto de Estudios Estratégicos y Políticas Públicas.

Gerbasi, Fernando (2010), "La política exterior de la Revolución Bolivariana y Colombia", en Ramos, Francesca, Carlos Romero y Hugo Ramírez (eds.), *Hugo Chávez, Una década en el poder*, Bogotá, CEPI / OV / UR.

GFA (2009), Esquipulas. Programa de Protección de Bosques Tropicales y Manejo de Cuencas en la Región del Trifinio. Estudio de Factibilidad.

González, Guadalupe (1983), "Incertidumbre de una potencia media regional: las nuevas dimensiones de la política exterior mexicana", en Pellicer, Olga (editora), *La política exterior de México: desafíos en los ochenta*, CIDE, México.

Grayson, George (2003), "Mexico's Southern Flank. A Crime Ridden 'Third U.S. Border", en *Hemisphere Focus,* vol. XI, núm. 32, diciembre de 2003.

Hernández Ulate, Aurora *et al.* (2009), *Gobernabilidad e Instituciones en las Cuencas Transfronterizas de América Central y México*, FLACSO, Costa Rica.

Hernández, Alejandra (2010), "Chávez insta a revisar casos de 'camaleones' dentro del partido", en *El Universal,* Caracas, 8 de mayo, p. 1-2.

INEGI. Sistema de Cuentas Nacionales de México.

Instituto Nacional de Estadística (2006), *Encuesta Nacional de Condiciones de Vida*, ENCOVI-2006.

Instituto Nacional de Estadística. (2004), *Encuesta de Condiciones de Vida,* ENCOVI.

International Crisis Group (2009), "Uribe's Possible Third Term and Conflict Resolution in Colombia", en *Latin American Report,* núm. 31, December. Disponible en línea: www.crisisgroup.org

Itriago, Dalila (2010), "Se calcula que al país han llegado 200.000 desplazados de Colombia", en *El Nacional,* Caracas, 21 de junio, p. 1.

Kammerbauer, Hans *et al.* (2009), *Plataformas de Concertación: Una Apuesta por la gobernabilidad local en cuencas hidrográficas*, Tegucigalpa, CATIE.

Matul, Daniel y Segura, Luis Diego (2010), "Evolución institucional de la seguridad en el marco del sistema de integración centroamericana: 1995-2009", en *Documentos CRIES*, Buenos Aires, 2010.

Matul, Daniel (2006), "La Integración Centroamericana. Una mirada desde Costa Rica", en Rojas Aravena, Francisco y Solís Rivera, Luis Guillermo (coordinadores), *La Integración Centroamericana. Visiones Regionales y subregionales*, FLACSO, Secretaría General, OBREAL, Editorial Juricentro, San José.

Mayorca, Javier (2009), *Venezuela: los grupos guerrilleros y paramilitares como actores de la delincuencia organizada*, Caracas, ILDIS. Disponible en línea: www.ildis.org.ve

Ministerio de Desarrollo Social del Uruguay (MIDES), *Informes de prensa y de la Unidad de Asuntos Internacionales y Cooperación del Ministerio*, Montevideo, 2009-2010.

Ministerio de Economía de El Salvador (2008), *Encuesta de Hogares de Propósitos Múltiples*.

Newell, Roberto (2010), Periódico *Reforma*, sección de Negocios, 27 de mayo de 2010.

O'Neil, Shannon (2009), "The real war in Mexico", en *Foreign Affairs,* July-August 2009.

OIM (2000), *Migrant Trafficking in Central and North America*, Ginebra, International Organization for Migration.

Ojeda, Mario (1972), *Alcances y límites de la política exterior de México*, México, El Colegio de México.

ONUDD (2007), *Crimen y desarrollo en Centroamérica. Atrapados en una encrucijada*, ONU, Oficina contra la Droga y el Delito, New York.

Peschard-Sverdrup, Armand (2003), "Mexico Alert: The Impact of the War on Iraq in Mexico", en *Hemispheric Focus*, vol. 11, Issue 10, Center for Strategic and International Studies, abril de 2003.

Pinto, Julio César (1993), "La Independencia y la Federación (1810-1840)", en Pérez Brignoli, Héctor (editor), *Historia General de Centroamérica*, tomo 3, FLACSO, Secretaría General, Editorial Siruela, Madrid.

Ponce Adame, Adelaida. (2007), *Dificultades y posibilidades de la cooperación internacional para el desarrollo local en América Latina*, Instituto de de Investigación Urbana y Territorial, Unión Iberoamericana de Municipalistas. Granada España.

Programa de las Naciones Unidas para el Desarrollo (PNUD) (2007), *Atlas del desarrollo humano cantonal de Costa Rica 2007*. PNUD-Universidad de Costa Rica, San José.

Ramírez, Socorro (2010), "Colombia-Venezuela: una intensa década de encuentros y tensiones", en Ramos, Francesca, Carlos Romero y Hugo Ramírez (editores), *Hugo Chávez, Una década en el poder*. Bogotá, CEPI / OV / UR.

Ramírez, Socorro *et al*. (2005), "Estados Unidos-Colombia-Venezuela: ¿Una relación triangular?", en Ramírez, Socorro y José María Cadenas, *Venezuela y Colombia. Debates de la historia y retos del presente*, Caracas, IEPRI / UCV.

Ramírez, Socorro y Miguel Ángel Hernández (2003), "Colombia y Venezuela: Vecinos cercanos y distantes", en Ramírez, Socorro y José María Cárdenas (editores), *La vecindad colombo-venezolana*, Bogotá, CAB / IEPRI / UCV.

Rhodes, R. (1997), *Understanding governance,* Londres, Open University Press.

Ribando Silke, Claire y Finklea, Kristin M. (2010), "US-Mexico Security Cooperation: the Merida Initiative and Beyond", *Congressional Research Service*, Washington DC, 16 de agosto de 2010.

Rico, Carlos (1985), "El proceso de contadora en 1985: ¿Hasta dónde es posible acomodar las preocupaciones

norteamericanas?", en Muñoz, Heraldo (compilador), *América Latina y el Caribe: políticas exteriores para sobrevivir. Anuario de Políticas Exteriores
Latinoamericanas, 1985*, GEL, Buenos Aires.

Rojas Aravena, Francisco (1998), *Globalización, América
Latina y la Diplomacia de Cumbres*, FLACSO, Santiago
de Chile.

Rojas Aravena, Francisco (2006), *El Crimen Organizado
Internacional: Una grave amenaza a la democracia en
América Latina y el Caribe*. II Informe del Secretario
General. FLACSO, Secretaría General. Disponible en
línea: www.flacso.org

Rojas Aravena, Francisco (2007), *La Integración Regional: Un
Proyecto Político Estratégico. III Informe del Secretario
General*, FLACSO, Secretaría General. Disponible en
línea: www.flacso.org

Rojas Aravena, Francisco (2008), "Introducción", en Solís,
Luis Guillermo y Rojas Aravena, Francisco, *Crimen
organizado en América Latina y el Caribe*. FLACSO-
Chile, Santiago.

Rojas Aravena, Francisco (2009), *Crisis Financiera.
Construyendo una respuesta política latinoamericana*,
V Informe del Secretario General. FLACSO. Secretaría
General. Disponible en línea: www.flacso.org

Rojas Aravena, Francisco (2009), *Integración en América
Latina: Acciones y Omisiones; Conflictos y Cooperación*.
IV Informe del Secretario General. FLACSO. Secretaría
General. Disponible en línea: www.flacso.org

Romero, Carlos (2010), *La victoria electoral de Juan Manuel
Santos y su impacto en las relaciones de seguridad colombo-venezolanas*, Briefing, Programa de Cooperación
en Seguridad Regional (en prensa).

Samper K., Mario (1993), "Café, trabajo y sociedad en
Centroamérica, (1870-1930): una historia común y
divergente", en Acuña Ortega, Víctor Hugo (editor),

Historia General de Centroamérica, Tomo 4, FLACSO, Secretaría General, Editorial Siruela, Madrid.

Sánchez, José Humberto *et al.* (2009), *La Integración Transfronteriza en Centroamérica: "La experiencia de la Mancomunidad Trinacional Fronteriza Río Lempa en la Región Trifinio". El Salvador-Guatemala-Honduras.*

Schiavon, Jorge A. (2001), "La política externa de las entidades federativas mexicanas: un estudio comparativo con seis federaciones", *Revista mexicana de política exterior*, núm. 64, 2001, pp. 11-42.

Secretaría de Medio Ambiente y Recursos Naturales (SEMARNAT) (2007), *Informe de Instrumentación y de Mitad de Periodo.*

Secretaría de Relaciones Exteriores Dirección General de Coordinación Política. Gobiernos Locales.

Sierra, Marina (2010), "La revolución de Chávez: fortalezas, debilidades y contradicciones", en Ramos, Francesca, Carlos Romero y Hugo Ramírez (editores), *Hugo Chávez, Una década en el poder*, Bogotá, CEPI / OV / UR.

Sitio de la Secretaría de Relaciones Exteriores. Dirección de Gobiernos Locales. Disponible en línea: http://portal2. sre.gob.mx/enlace/index.php?option=com_content& task=view&id=12&Itemid=5&Itemid=113

Solís, Luis Guillermo y Rojas Aravena, Francisco (2008), *Crimen organizado en América Latina y el Caribe*, FLACSO-Chile, Santiago.

UNDCCP (2008), *World Drug Report 2007*, United Nations Office for Drug Control and Crime Prevention, New York.

Urdaneta, Alberto (2005), "Complejidades para entender y actuar en la frontera colombo-venezolana: Una mirada desde la perspectiva venezolana", en Ramírez, Socorro y José María Cadenas, *Venezuela y Colombia. Debates de la historia y retos del presente*, Caracas, *IEPRI / UCV.*

Uzcátegui, Jesús (2010), "Quisiera ver disposición al diálogo y al respeto en el Gobierno de Venezuela", en *El
Nacional*, Caracas, 23 de mayo, p. 10.

Vargas, Alejo (2006), *El impacto internacional del conflicto
colombiano, Relaciones del Ecuador con sus países
vecinos (Colombia-Perú)*, Quito, Planex 2020 / CAF
/ FES-ILDIS.

Vidal, Marco (2006), "Amenazas emergentes en la frontera
México – Belice", Ponencia presentada en el *Seminario
sobre Seguridad en la Frontera Sur*, Universidad de
Quintana Roo, 29 de septiembre de 2006. Vidal es el
Comisionado de la policía de Belice.

Villafeurte Solís, Daniel y Leyva Solano, Xochitl (coordinadores) (2006), *Geoeconomía y geopolítica en el área del
Plan Puebla Panamá*, CIESAS, Porrúa, México.

Yicaon Linda y Ansa Marisol (2008), "La integración fronteriza en Latinoamérica", en *Cuadernos Latinoamericanos,*
Maracaibo, Venezuela, Universidad del Zulia, Centro
Experimental de Estudios Latinoamericanos, núm. 34,
diciembre de 2008.

ANEXOS

EL TEMA DE LAS FRONTERAS EN AMÉRICA LATINA[117]
POLICY MEMO

Tatiana Beirute Brealey[118]

Las zonas fronterizas son áreas cuyas características las hacen particulares respecto a las regiones centrales de las naciones. En ellas los temas culturales, sociales, económicos y de infraestructura adquieren un tinte único que en la práctica latinoamericana se debate entre la complementariedad y el conflicto. La diversidad de experiencias sobre el desarrollo de las zonas fronterizas en la región, así como la cooperación entre las partes que la componen, hace necesario su estudio para aprender de aquellas experiencias exitosas y colaborar con las que han visto más obstaculizado su progreso. Es por ello que FLACSO, con el auspicio de la Corporación Andina de Fomento, realizó la Mesa Redonda *"El tema de las Fronteras en América Latina"* en el II Congreso Latinoamericano y Caribeño de Ciencias Sociales de FLACSO, en mayo de 2010, en Ciudad de México, donde expertos analizaron la importancia del desarrollo fronterizo y la experiencia de tres casos particulares.

---

[117] Documento síntesis de los análisis presentados en la mesa "El tema de las Fronteras en América Latina", realizada con el auspicio de la Corporación Andina de Fomento, en el II Congreso Latinoamericano y Caribeño de Ciencias Sociales de FLACSO, en mayo de 2010, en Ciudad de México.

[118] Licenciada en Sociología, FLACSO, Secretaría General.

Como explica Juan Pablo Rodríguez,[119] las fronteras son la expresión más viva de los procesos de integración, y por ello juegan un importante rol en estos procesos. Una efectiva y positiva cooperación fronteriza potencia la integración regional. La cooperación y el desarrollo fronterizo han sido víctimas de uno de los problemas que se manifiestan en muchos ámbitos en la región: carecen de una visión estratégica. En la construcción de políticas públicas y en los distintos mecanismos de integración regional esta debilidad también representa uno de los mayores retos para los gobiernos (locales y nacionales) así como para la sociedad civil.

Una visión estratégica para el desarrollo de las fronteras requiere de una visión dinámica en el tiempo. Las fronteras deben coordinarse y proyectarse entre los países con una visión de largo plazo. Además, esta visión estratégica implica un enfoque integral. Las fronteras deben asumirse en términos de infraestructura física, de conectividad, de espacios de productividad, de espacios sociales, de espacios ambientales, así como lugares de interrelación subnacionales. Un último aspecto, fundamental, es la necesidad de dejar atrás la visión tradicional y negativa de las fronteras; aquella visión, promovida desde los Estados, de lo fronterizo como tema de soberanía territorial, como línea divisoria, e impulsar la comprensión y acercamiento a las fronteras con un enfoque de complementariedad, de desarrollo e integración. Estos tres aspectos son fundamentales para la construcción de una visión estratégica en las fronteras latinoamericanas y de su incidencia en el desarrollo de esas regiones y los procesos de integración global.

Al analizar la experiencia en el desarrollo y la cooperación en zonas fronterizas entre los países latinoamericanos, la heterogeneidad es la norma, incluso a lo interno de un

---

[119]   Director de Programas Regionales de la Corporación Andina de Fomento.

país la situación y condiciones de una de sus fronteras con respecto a otra puede ser muy diferente.

Un ejemplo exitoso de cooperación fronteriza es el de la frontera entre Chile y Argentina. De acuerdo a Luis Maira,[120] las relaciones en ella muestran tres etapas. Una de nacimiento y consolidación compartida, otra en donde la necesidad de la delimitación geográfica lleva de la amistad al conflicto; y una tercera, que data desde la firma del Tratado de Paz y Amistad en 1984 hasta la fecha, donde prevalecen la cooperación y la amistad. En esta última etapa no sólo se logran resolver los diferendos territoriales pendientes sino que además se construye una institucionalidad binacional que sirve de referente para las acciones que buscan impulsar la cooperación fronteriza: los Comités de Integración. Estos Comités, inicialmente pensados como Comités de Fronteras, fueron creados en 1984 por ambos gobiernos para coordinar las acciones como la facilitación de la circulación de personas y bienes. Sin embargo, estas limitadas funciones iniciales fueron desbordadas por lo gobiernos regionales y la sociedad civil, tanto chilena como argentina, quienes comienzan a construir una agenda de integración subnacional. Es así como los ahora Comités de Integración incluyen planes de trabajo y de acción, y funcionan mediante asambleas conformadas por una diversidad importante de actores: dirigentes representativos de los gobiernos regionales, académicos, dirigentes sociales y empresarios. Estos comités actualmente tienen pleno reconocimiento político. En noviembre de 2009, las presidentas Cristina Fernández y Michelle Bachelet suscribieron el Tratado de Maipú, que busca dar proyección estratégica a la relación bilateral, y en el que se establece

---

[120]   Profesor e Investigador del Centro de Investigación y Docencia Económicas. México.

todo un capítulo centrado en la profundización y organización de los Comités de Integración.

Por el contrario, una frontera que muestra dificultades en cooperación y confianza es la frontera colombo-venezolana. Las relaciones bilaterales entre estas naciones se han deteriorado. Como explica Francine Jácome,[121] este desmejoramiento se deriva principalmente del tema de las guerrillas en Colombia, la posición de Venezuela respecto a éstas, y las acciones tomadas por Colombia para combatirlas. A partir de 2009 las relaciones entre ambas naciones se mantienen congeladas, inclusive las comerciales.

Además del tema de las guerrillas y el narcotráfico, otros factores que generan polémica en las relaciones en la frontera colombo-venezolana son la interrupción del libre tránsito, por parte de entes oficiales y de las mismas comunidades; la falta de coordinación en las dinámicas económicas; problemas en los controles respecto a las acciones de los programas sociales llamados "misiones"; la problemática en torno a los desplazados y refugiados; la presencia de grupos irregulares y la creciente inseguridad que se vive en las zonas fronterizas.

Las tensiones a nivel de los gobiernos centrales indudablemente afectan el desarrollo de las buenas relaciones a nivel fronterizo. No sólo hay más desconfianza y se alienta a la descoordinación, sino que además se ha llegado a interrumpir mecanismos bilaterales importantes para la zona, como es el caso de los mecanismos bilaterales en seguridad y defensa cuya ausencia ha incidido en una mayor inseguridad en la zona.

Otro de los impactos negativos de estas tensiones tiene que ver con que el deterioro en las relaciones de cooperación, formales e institucionales, genera y promueve que

---

[121]   Investigadora del Instituto Venezolano de Estudios Sociales y Políticos, Venezuela.

se incrementen las relaciones informales, muchas de ellas ilegales. Asimismo, se observa una profundización de la concepción centralista del gobierno regional que trata de tener en sus manos la toma de decisiones con respecto a las dinámicas fronterizas. El caso de la frontera colombo-venezolana muestra también un impacto a nivel regional que se debe de evitar. La regionalización del conflicto interno colombiano, y lo que se denomina el efecto derrame con respecto a la relación de los demás países, ha llevado a la militarización de las fronteras.

Un último ejemplo sobre la cooperación fronteriza en América Latina es el de la frontera de Guatemala y México que, como señala Raúl Benítez,[122] muestra una historia de encuentros y desencuentros influenciada en gran parte por el tema de la seguridad.

Hasta mediados del siglo XX, las relaciones entre ambas naciones comienzan a ser más estrechas para luego ser confrontativas nuevamente. Tras la rebelión centroamericana para no ser parte de México en la época de la independencia, México y Centroamérica no muestran mayor relación durante alrededor de 170 años. El establecimiento de los límites entre Guatemala y México, y Gran Bretaña y México, no son bien recibidos por Guatemala, quien reclama el territorio de lo que hoy se conoce como Belice. Posteriormente, con la revolución mexicana la oligarquía guatemalteca terrateniente aísla a Guatemala de México para evitar un posible "contagio" revolucionario. Recién con la revolución de 1944 en Guatemala este país busca el apoyo de México, iniciando un gran momento de diez años en las relaciones bilaterales, que termina con el golpe de Estado de Carlos Castillo Armas, en Guatemala, en 1954. La época de los gobiernos militares guatemaltecos

---

[122]   Investigador del Centro de Investigaciones sobre América del Norte, UNAM.

fue una época de grandes tensiones entre los dos países. Las relaciones vuelven a restaurarse en 1986 con la toma del poder del Presidente Vinicio Cerezo.

En la década 1990, México se involucró activamente en los acuerdos de paz en El Salvador, sin embargo, cuando llegó el proceso de paz de Guatemala la nación mexicana mostró una intención similar pero con una energía mucho más diminuida. México no tuvo tanto involucramiento en este proceso, lo cual se debió en parte al miedo de contagio de la guerrilla guatemalteca, miedo a un contagio que en la actualidad se vive al revés.

Es a inicios del siglo XXI cuando comienzan los intentos por desarrollar la frontera sur de México y la frontera norte de Centroamérica como espacio de integración. El entonces presidente de México, Vicente Fox, impulsa el Plan Puebla-Panamá, al cual se sumó luego el Proyecto Mundo Maya. Ninguno de los dos pudo convertirse en el ente impulsor de una mayor cooperación y desarrollo entre ambos países. Paradójicamente de la mano de estos intentos de integración la frontera entre México y Guatemala comienza a teñirse considerablemente por el tema del terrorismo y el narcotráfico, que se evidencia en un desarrollo institucional de seguridad fronteriza mediante la creación de los Grupos Binacionales de Seguridad Fronteriza (Gansef), entre Guatemala y México.

La influencia del tema de la seguridad, en la visión de la frontera, amenaza la posibilidad de ser considerada como lugar de encuentro en estos países. Producto de los atentados del 11 de septiembre de 2001, México y Estados Unidos suscriben, el 23 de marzo de 2002, una serie de acuerdos de seguridad fronteriza, los cuales México luego proyecta en la frontera sur. El primer punto de estos acuerdos, implementado casi inmediatamente con Estados Unidos, es la informatización del Instituto Nacional de Migración, lo que perjudica a los migrantes centroamericanos. Otro tema importante, especialmente en el primer decenio del siglo XXI, es el de las Maras. Este ha sido sobredimensionado, llevando a una inflación de la población carcelaria "con tatuajes" en la zona sur de México. En la actualidad estos temas pierden importancia en las relaciones fronterizas bilaterales y aparece el del narcotráfico, que contamina completamente la relación actual entre México y Guatemala. La frontera México- Guatemala es un espejo de la frontera México-Estados Unidos: se alimenta del conflictivo tema de la migración y del narcotráfico.

Paradójicamente, a pesar de este difícil contexto fronterizo, a nivel gubernamental las relaciones entre ambas naciones son muy buenas y predomina la cooperación.

Algunas recomendaciones

El análisis de estas tres experiencias fronterizas permite plantear algunas recomendaciones:

1) En el desarrollo y la cooperación fronteriza es fundamental desplegar la institucionalidad que consolide, coordine y promueva las relaciones y la cooperación regional en ambos lados de una frontera, sin quedarse únicamente en las acciones y la institucionalidad estatal, sino promoviendo los vínculos de los gobiernos locales y de las organizaciones de la sociedad civil.

2) Deben fomentarse los procesos de descentralización, reforma del Estado y fortalecimiento de los gobiernos locales y redes transfronterizas.

3) El desarrollo fronterizo requiere de forma indispensable la construcción de confianza, especialmente entre sus poblaciones e instituciones locales. Para ello es esencial trabajar de forma conjunta aquellos elementos que promuevan desarrollo de buenas relaciones y la cooperación, y a la vez que limitan los efectos negativos de la

migración ilegal y la trata, la inseguridad, la ambigüedad limítrofe, entre otras.

4) Es importante desarrollar una visión y una cultura que deje atrás la visión tradicional de las fronteras como espacios amenazantes, vulnerables y conflictivos, y promover la visión de las fronteras como espacios de encuentro que fomenten la integración regional y subnacional.

5) Se requieren nuevas formas de política exterior que incorporen los temas fronterizos.

6) Por sus propias particularidades especiales, debe procurarse que en las fronteras no se desactiven los mecanismos de cooperación bilateral, a pesar de las tensiones o problemáticas que a nivel de gobierno central exista entre los países. Los mecanismos deben ser utilizados para desactivar conflictos y promover la cooperación.

7) Es fundamental la construcción de una visión estratégica del desarrollo de las fronteras, como parte de un proceso de integración binacional y regional.

La cooperación intermunicipal transfronteriza[123]
Policy Memo

Tatiana Beirute Brealey[124]

Las zonas fronterizas son territorios donde la dinámica de relaciones tiene un carácter particular. Las acciones que se busquen implementar a un lado de la frontera inevitablemente inciden de alguna forma en el otro lado de la frontera. Por ello el tema de la cooperación en estas zonas es crucial. Ella se promueve desde distintos niveles con resultados variados. Las experiencias exitosas son muchas y las lecciones aprendidas son muy valiosas. FLACSO, con el auspicio de la Corporación Andina de Fomento (CAF), realizó la Mesa Redonda *"La Cooperación Intermunicipal Transfronteriza"* en el II Congreso Latinoamericano y Caribeño de Ciencias Sociales de FLACSO, en mayo de 2010, en Ciudad de México, donde expertos analizaron las distintas modalidades de cooperación fronteriza y algunas buenas experiencias.

De acuerdo a Carlos Torres,[125] la experiencia europea respecto a la cooperación fronteriza puede dejar lecciones importantes a la región y a Centroamérica. La Asociación

---

[123] Documento síntesis de los análisis presentados en la mesa "La Cooperación Intermunicipal Transfronteriza", realizada con el auspicio de la Corporación Andina de Fomento, en el II Congreso Latinoamericano y Caribeño de Ciencias Sociales de FLACSO, en mayo de 2010, en Ciudad de México.

[124] Licenciada en Sociología. FLACSO, Secretaría General.

[125] Gerente de Proyectos de la Fundación para la Paz y la Democracia (FUNPADEM).

de Regiones Fronterizas Europeas (ARFE) es pionera, y un caso exitoso de la promoción de la cooperación fronteriza, ya que plantea que existen tres ámbitos para la cooperación en el tema de fronteras que ayudan a crear una estrategia coherente y clara para el desarrollo: a) la transfronteriza, que refiere a la cooperación local entre municipios cuya particularidad radica en que es el tipo de cooperación que involucra mayormente las relaciones "cara a cara". Implica una visión de desarrollo de mediano plazo, lo que le da continuidad, coherencia y la posibilidad de lograr transformaciones en temas importantes; b) la cooperación interregional, que se refiere principalmente a la cooperación entre regiones (por ejemplo, en las regiones vascas en España y en Francia donde la cooperación es más sencilla de forma regional). Se trata de una cooperación sectorial. En ella se analizan temas específicos (salud, educación, movilización, etc.). Su visión es de mediano plazo; c) la cooperación transnacional, que se trata de relaciones Estado-Estado y se caracteriza por ser más conceptual y burocrática. En ella se discuten los grandes temas y su visión es de largo plazo.

El impulso en la cooperación fronteriza en Europa vino de la necesidad de crear una vecindad "cara a cara" en lugar de una "espalda con espalda" como comúnmente se había desarrollado. Tras la II Guerra Mundial se comprende la importancia de la construcción de confianza, lo cual inevitablemente permea la visión que hasta el momento se tenía en torno a las fronteras, y se pasa a impulsar un enfoque que comprenda a las fronteras como espacios de encuentro y motores para la construcción de integración entre los países. Asimismo, se intenta eliminar el efecto "barrera" que implica dejar de ver la frontera como un muro divisorio. Esta es la visión de fronteras que debe promoverse en la región.

En el caso de Centroamérica, la cooperación fronteriza tiene algunos elementos a favor, como por ejemplo la creciente participación de los gobiernos locales y la sociedad civil en estos temas, y la existencia de acuerdos locales de información compartida. El proceso de Integración Centroamericana ubica el tema en la agenda política, y hay algunos *issues* –lamentablemente no necesariamente los mejores– que ponen el tema de las fronteras entre las prioridades (seguridad, narcotráfico y migraciones). Respecto a los retos en la temática a los que se enfrenta el Istmo, puede señalarse que el *lobby* efectivo que tienen las regiones fronterizas en Congresos nacionales es débil, al tiempo que hay una carencia de políticas públicas locales desde abajo en temas transfronterizos. Asimismo, todavía hay conflictos abiertos en algunas fronteras centroamericanos. A todo esto debe sumarse la necesidad de una mayor sensibilización entre los actores políticos nacionales, así como en la institucionalidad del SICA, acerca de la realidad que se vive en al ámbito fronterizo.

Un análisis más detallado de la cooperación municipal transfronteriza en Centroamérica lo explica Mercedes Peñas.[126] En el Istmo y en el Caribe el concepto de fronteras utilizado es el tradicional, centrado en las divisiones físicas, geográficas, sociales, económicas, políticas y culturales, que refuerzan la desintegración y los conflictos entre los Estados. Las fronteras son tuteladas sobre todo por los Ministerios de Relaciones Exteriores y en algunos casos por las Fuerzas Armadas. Además, son vistas desde sus aspectos negativos: como lugares en donde se concentra la pobreza y en donde el crimen organizado se ha asentado. Esto limita la cooperación intermunicipal.

Uno de los principales retos en el desarrollo de las zonas fronterizas es la necesidad de que los Estados nacionales prioricen el tema de las fronteras. Los recursos

---

[126] Directora Ejecutiva Fundación de Desarrollo Municipal de Centroamérica (DEMUCA).

captados para el desarrollo fronterizo en la región hasta
ahora han sido sobre todo proyectos piloto de desarrollo
(en infraestructura fundamentalmente) y no se ha buscado
construir una visión integradora entre los países donde al
tiempo que se limen asperezas se vaya eliminando la visión
de frontera tradicional.

En términos de cooperación, lo transfronterizo supone
un debilitamiento progresivo de las fronteras interestatales,
y eso en Centroamérica aún no ocurre. Al hablar de cooperación fronteriza debe comprenderse que ambos lados de
la frontera tienen desafíos y potencialidades comunes y en
este sentido el espacio de cooperación se construye desde
la institucionalidad local, que es la que vive y acompaña
la realidad de la región y la que podría dar respuestas a las
necesidades existentes.

Al trabajo de la institucionalidad local se le debe apoyar
con una actualización jurídica regional. Si no hay convenios internacionales entre los países difícilmente se va a
poder fomentar la cooperación y generar espacios, pues
no existe legitimidad jurídica. Asimismo, debe darse el
espacio a los gobiernos locales (y éstos deben exigir este
lugar) en los diálogos binacionales. Los países se están
sentando a dialogar pero no les dan espacio a los gobiernos
locales. Por otro lado, dentro del Sistema de Integración
Centroamericana (SICA), el gobierno local es el gran au-
sente. El SICA podría jugar un rol muy importante en la
cooperación intermunicipal transfronteriza realizando
acompañamientos en el fortalecimiento de la institucionalidad local, así como también podría ser quien impulse
la armonización legal. Si bien es cierto que los gobiernos
locales deben continuar dando respuestas a las necesidades comunes que tienen en las fronteras, se requiere el
acompañamiento de los Estados nacionales y del sistema
de integración, pues lamentablemente la realidad refleja
que en la mayoría de los casos se trata de municipios que

sufren serias dificultades para llevar a acabo sus proyectos. La debilidad de la institucionalidad local queda reflejada en el tema fronterizo.

Una experiencia exitosa en la cooperación inter-municipal transfronteriza en Centroamérica es el de la Mancomunidad Trinacional Fronteriza Rio Lempa, explicado por Miriam Hirezi.[127] Esta experiencia se enmarca dentro de un proceso de integración impulsado por la Comisión Trinacional del Plan Trifinio (entre Guatemala, Honduras y El Salvador) desde hace más de dos décadas. A partir del año 2000, las acciones de cooperación intermunicipal transfronteriza se implementan por esta Comisión a través de diferentes programas y proyectos, permitiendo un desarrollo institucional local muy importante, ya que se impulsó la conformación de diferentes entidades de carácter local y trinacional. En ese marco, surgieron al menos seis mancomunidades de municipios en la comprensión de la Cuenca Alta del Río Lempa entre los años 2003 y 2006.

Una de ellas, cuya experiencia es muy exitosa, es la Mancomunidad Trinacional Río Lempa, creada a inicios del año 2006, con el objetivo de impulsar el desarrollo integral sostenible de los municipios que la integran, a través de la formulación y ejecución de políticas públicas, planes, programas y proyectos municipales e intermunicipales y subregionales, mediante el esfuerzo propio mancomunado y con el apoyo técnico y económico de los gobiernos centrales, organismos internacionales e instituciones no gubernamentales. Su quehacer se concentra en atender algunos temas estratégicos que han sido priorizados en forma consensuada entre los municipios participantes. Entre los principales logros de la Mancomunidad está la conformación de una amplia alianza estratégica con las mancomunidades locales, las instituciones nacionales

---

[127]   Directora Ejecutiva Nacional del Plan Trifinio por El Salvador.

claves y la cooperación internacional. Además, se cuenta
con un Plan Estratégico Territorial Trinacional y con el
Banco de proyectos trinacionales.

Algunas lecciones aprendidas de esta experiencia son
el hecho de que la Mancomunidad es influida en cierta
medida por la rotación de autoridades locales, lo cual obliga
a que desde que se desarrollan las campañas políticas se
haga un trabajo de inducción a los nuevos candidatos a
ocupar puestos de alcalde. Además se ha comprendido que
es sumamente importante fortalecer el tema de cohesión
social a fin de fomentar el proceso de integración transfronteriza, así como preparar a nuevos líderes para el trabajo
futuro de la Mancomunidad. Por otro lado, la construcción
de una agenda compartida entre actores involucrados ha
sido un proceso que ha dejado un gran aprendizaje en el
camino de alcanzar consensos trinacionales. Por último, es
necesario identificar claramente los problemas de interés
común de los territorios a fin de que todos comprendan
la importancia de integrarse para resolverlos.

La región sudamericana también muestra experiencias exitosas en el tema de la cooperación fronteriza que
son analizados por Hernando Arciniegas.[128] Desarrollo y
cooperación fronteriza son conceptos afines al proceso de
integración que plantea distintas estrategias para procurar
una meta común: la de incorporar la frontera al territorio nacional y a la dinámica regional. Un ejemplo de un
amplio proyecto de cooperación es el de la Iniciativa para
la Integración de la Infraestructura Regional (IIRSA) en
América del Sur, que ha cambiado la planificación física en
la subregión al plantear que el desarrollo en infraestructura
se planifique en función de los vecinos. Se trata de más de
700 proyectos con un mandato de diez años. IIRSA sienta el

---

[128]   Análisis y Programación Sectorial. Vicepresidencia de Infraestructura.
Corporación Andina de Fomento (CAF).

precedente de haber practicado una planificación integral del desarrollo de infraestructura regional.

La frontera Ecuador-Perú muestra un ejemplo de cooperación entre gobiernos centrales para el desarrollo fronterizo. Los Acuerdos de Paz firmados entre ambas naciones contemplan una estructura con aspectos relevantes de cooperación fronteriza, vecindad y cooperación binacional. Los distintos programas que impulsan han llevado a lograr avances positivos en materia de infraestructura. La experiencia de este caso muestra que aunque los acuerdos se han realizado a nivel nacional su desarrollo ha sido a nivel local, de forma efectiva y coordinada.

Otro ejemplo con resultados positivos refiere a la cooperación intermunicipal transfronteriza entre las poblaciones limítrofes Ipiales, en Colombia y Tulcán, en Ecuador. Sus municipios han gestionado de manera conjunta un Plan Integral de Desechos Sólidos. Cabe señalar que a pesar de que esta gestión se dio en medio de la ruptura de las relaciones entre Colombia y Ecuador, el compromiso de ambos gobiernos locales ha sido tan fuerte que no sólo continuaron con su cooperación, sino que además han logrado mantener el trabajo y el soporte de los gobiernos centrales a pesar de las tensiones entre éstos.

Un ejemplo de cooperación fronteriza temática es el de la Autoridad Binacional Autónoma del Sistema Hídrico del Lago Titicaca, Río Desaguadero, Lago Poopó, Salar de Coipasa (ALT) entre Bolivia y Perú. Estos países decidieron crear una autoridad binacional para la zona con una estructura propia, y cuyas funciones principales se plantean alrededor del desarrollo y la protección de un territorio que debe ser patrimonio de la humanidad.

Un último ejemplo refiere al caso de cooperación municipal cotidiana entre municipios pequeños entre Brasil y Uruguay. Esta cooperación ha tenido como resultado proyectos exitosos en diversas materias como el de la cooperación en materia de salud con la utilización de los recursos físicos y humanos de cada zona; el de educación binacional donde en lugar de crear esfuerzos iguales en ambos lados de la frontera las ofertas educativas se complementan y coordinan entre ambos territorios; el de enseñanza del portugués en las poblaciones de fronteras uruguayas; y un reciente acuerdo binacional sobre los seguros sociales.

La experiencia de la frontera entre México y Estados Unidos es otro caso importante de analizar en el tema de la cooperación transfronteriza. Carlos Camacho[129] explica que el caso más avanzado en materia de cooperación intermunicipal transfronteriza lo constituye la relación interdependiente entre las entidades políticas de la frontera norte de México con la de los Estados Unidos. La interdependencia económica, social y cultural entre los condados norteamericanos y los municipios mexicanos se ha acrecentado con el Tratado de Libre Comercio de América del Norte y con el importante flujo migratorio de la población mexicana hacia los Estados Unidos

En estas condiciones, es clara la necesidad de que exista una interrelación entre los gobiernos o instituciones de gobierno, tanto estatales como municipales, de cada lado de la frontera. Sin embargo, la práctica muestra que hasta el momento a nivel municipal y aun estatal la interrelación no ha sobrepasado la etapa de la buena voluntad y del acuerdo político con manifestaciones que no llegan al terreno práctico. A la fecha, a nivel nacional se han firmado 72 convenios intermunicipales que se tratan en su mayoría de programas de colaboración para el intercambio de iniciativas y experiencias en áreas acordadas y que establecen relaciones de largo plazo. Sin embargo,

---

[129]   Director de la Escuela de Relaciones Internacionales. Universidad Anahuac Norte de México.

en estos acuerdos no se indican contenidos concretos de las acciones a emprender.

Si bien es cierto que con el pasar de los años las cantidad de temas de cooperación se ha ido ampliando, incorporando temáticas novedosas como el desarrollo y promoción de la costa y los puertos, en todos los casos sólo se tratan de acuerdos marco, plasmados de buenas intenciones, pero sin definir objetivos ni futuras políticas públicas.

La cooperación internacional transfronteriza representa una herramienta que no debe desaprovecharse. Significa la ampliación de las ventajas comparativas de los espacios locales junto a la oportunidad de desarrollar nuevas capacidades y responsabilidades de las autoridades municipales ante los cambios económicos, políticos y sociales que se viven de manera especial en esas zonas. Por su parte, la cooperación intermunicipal colabora con la construcción de nuevas identidades, permite el diálogo para acabar con los conflictos entre ambos lados y moviliza las buenas voluntades. No implica el desgate del monopolio del Estado en términos de política exterior, simplemente significa construir puentes para afrontar problemáticas que acontecen en la experiencia cotidiana bajo una lógica diferente a la lógica de Estado. La cooperación descentralizada demuestra hoy más que nunca que la interdependencia empieza en casa.

Recomendaciones

El análisis de estas formas de cooperación fronteriza y de algunas experiencias en la región permite plantear algunas recomendaciones:

1) Es fundamental promover una nueva visión de las fronteras, como espacios de encuentro y no como barreras de integración.

2) La realidad de las fronteras es muy diversa, por ello las políticas que se busquen impulsar deben ser sensibles a la realidad concreta de estos territorios, de sus poblaciones, de su forma de relacionamiento y de su institucionalidad.

3) La cooperación fronteriza es fundamental en todas las dimensiones. Sin embargo, la promovida o acompañada por la institucionalidad local es fundamental pues es la que experimenta diariamente la realidad, las tensiones y las potencialidades de la zona.

4) El fortalecimiento de las capacidades de la institucionalidad local es fundamental.

5) Los mecanismos de integración regional deben abrir espacios a los protagonistas del desarrollo de las fronteras. El diálogo internacional que permiten los diversos esquemas de integración debe ser aprovechado por los gobiernos locales y las instituciones locales para generar acercamiento y construir propuestas. El tema fronterizo debe incorporarse en la dinámica regional.

6) Se requieren nuevas formas de Política Exterior que incorporen los temas fronterizos.

7) Es evidente que existen casos exitosos de cooperación y desarrollo fronterizo. Éstos deben conocerse y promoverse más como forma de impulsar buenas prácticas sobre la temática en la región.

8) Las acciones aisladas y dispersas, sin una estrategia de desarrollo, tiene, efectos muy reducidos sobre el desarrollo fronterizo.

9) La cooperación internacional fronteriza debe pasar de las buenas intenciones a las prácticas concretas en proyectos con visiones integrales y de largo plazo respecto al desarrollo de la zona.

RELACIÓN DE AUTORES

JOSETTE ALTMANN BORBÓN: Coordinadora Regional del Cooperación Internacional y Directora del Observatorio de la Integración Regional Latinoamericana (OIRLA) de la Secretaría General de FLACSO. Magíster Scientiae en Ciencias Políticas y Licenciada en Historia por la Universidad de Costa Rica. De 1990 a 1991 realizó cursos sobre Economía del Desarrollo en la Universidad de Harvard. Profesora en la Facultades de Ciencias Sociales y Educación de la Universidad de Costa Rica. Miembro de la Comisión de Estudios de Posgrado en Evaluación Educativa de la Universidad de Costa Rica. Ha dirigido proyectos relacionados con políticas públicas en el área social con la Organización Internacional del Trabajo (OIT) en los años 2000 hasta 2003, y con el gobierno de Costa Rica en los años 1994 hasta 1998. Ha publicado y colaborado en diversos libros, es autora de numerosos artículos publicados en revistas profesionales y académicas en diferentes regiones del mundo, y en periódicos costarricenses. Entre sus últimas publicaciones se destacan *Integración y Cohesión Social: Análisis desde América Latina e Iberoamérica* (compiladora), Serie FORO, FLACSO Sede Ecuador, Quito, Ecuador, 2009; "The Bolivarian Chavez effect: Worth a second look", en *Canada Watch. A Remakable Turning Point: Post.neoliberal Latin America and the Shadow of Obama,* The Robarts Centre for Canadian Studies at York University and FLACSO, Fall, 2010; y, *América Latina y el Caribe: Alba: ¿Una Nueva*

Forma de Integración Regional? (editora), Editorial Teseo,
FLACSO Secretaría General, en prensa.

HERNANDO ARCINIEGAS SERNA: especialista en
Comercio Internacional con énfasis en Logística Comercial
Internacional y Negociaciones, asociadas a la definición
y aplicación de políticas sectoriales de transporte, pasos
de frontera y facilitación del comercio internacional de
bienes y servicios. Más de veinticinco años de experiencia
en formulación y seguimiento de políticas públicas y proyectos de desarrollo de sectores vinculados a la logística
y la distribución física internacional (transporte, puertos,
pasos de frontera, asuntos aduaneros, etc.) en Colombia y
los países de América del Sur, realizada como funcionario
del gobierno colombiano y consultor de organizaciones
empresariales, organismos internacionales, así como investigador y profesor de posgrado en las áreas mencionadas.
Durante siete años coordinó la formulación y seguimiento
de las estrategias y políticas de transporte, fronteras, energía
y facilitación del comercio internacional, en los países integrantes de la Comunidad Andina. Desde 2005 es Ejecutivo
Principal del Departamento de Análisis y Programación
Sectorial de la Vicepresidencia de Infraestructura de la
Corporación Andina de Fomento, CAF. Coordina tanto el
Programa de Apoyo al Desarrollo e Integración Fronteriza
PADIF, que promueve el mejoramiento de las condiciones
de vida en las zonas de frontera de Sur América como el
de Logística que coordina los proyectos que en la materia
apoya y financia CAF.

TATIANA BEIRUTE BREALEY: es Licenciada en
Sociología por la Universidad de Costa Rica. Actualmente se
desempeña como asistente de investigación en la Secretaría
General de la Facultad Latinoamericana de Ciencias
Sociales. Estudiante de la Maestría en Desarrollo Humano

de FLACSO Argentina. Ganadora de una de las becas de investigación del Instituto de Investigaciones Sociales de la Universidad de Costa Rica para los Trabajos Finales de Graduación. Ha trabajado como consultora en temas de género, medios de comunicación y seguridad ciudadana para organizaciones como la Fundación Arias para la Paz y el Progreso Humano, entre otros. Se ha desempeñado como docente de la Universidad de Costa Rica. Ha colaborado en la preparación de los *Dossier* de la Serie Cuadernos de Integración FLACSO-Secretaría General y ha escrito artículos sobre temas relacionados con sus áreas de trabajo. Entre sus últimas publicaciones están "Cohesión Social y Seguridad Ciudadana", en Altmann, Josette. *Cohesión Social y Políticas Sociales en Iberoamérica*, Quito, FLACSO, Sede Ecuador. 2009; "La violencia inevitable: representaciones sociales sobre la violencia intrafamiliar contra las mujeres en la prensa costarricense", en *Revista de Ciencias Sociales de la Universidad Católica del Uruguay*, vol. 1, núm. 1, 2010; y "El rol de los medios de comunicación en la cultura del miedo: Una perspectiva desde la construcción de la violencia", en Garita, Nora, *Medios de Comunicación, Poder y Derechos Humanos*, Memorias de la Cátedra Eugenio Fonseca Tortós, Cuadernos de Sociología. Escuela de Sociología. Facultad de Ciencias Sociales, Universidad de Costa Rica, núm. 9, 2009.

RAUL BENÍTEZ MANAUT: Investigador del Centro de Investigaciones sobre América del Norte de la Universidad Nacional Autónoma de México, UNAM. También es Presidente de la Organización no gubernamental "Colectivo de Análisis de la Seguridad con Democracia. AC". Tiene estudios de Sociología en la UNAM, de maestría en Economía y Política Internacional en el CIDE y de doctorado en Estudios Latinoamericanos en la UNAM. Ha sido académico visitante del Woodrow Wilson Center, en 1998 y 2003 y profesor de la Universidad de Columbia en Nueva York (2001), de

American University en Washington (2006-2007), del Centro de Estudios Hemisféricos de la Defensa de la National Defense University de Washington (2004). Es profesor de relaciones internacionales del Centro de Estudios Superiores Navales y del Instituto Tecnológico Autónomo de México. Entre sus publicaciones están *La teoría militar y la guerra civil en El Salvador*, UCA Editores, San Salvador, 1989; *Mexico and the New Challenges of Hemispheric Security*, Latin American Program, Woodrow Wilson Internacional Center for Scholars, Washington DC, 2004; es coeditor del libro *El Rompecabezas. Conformando la seguridad hemisférica en el siglo XXI*, Universidad de Bologna, Buenos Aires, 2006, y del *Atlas de la Seguridad y la Defensa de México 2009*, CASEDE, México, 2009. Su última publicación como editor es *Crimen Organziado e Iniciativa Mérida en las relaciones México-Estados Unidos*, CASEDE, México, 2010.

CARLOS CAMACHO GAOS: Es Economista por el ITAM, tiene la Maestría en Economía y es candidato a Doctor en Economía por la Universidad de Georgetown, Washington DC. Sus estudios de doctorado en economía en Georgetown University se especializaron en economía regional y urbana, finanzas públicas y economía monetaria. Ha desempeñado puestos de alta responsabilidad en el sector público. Fue Subsecretario de Pesca, Subsecretario de Turismo, Director General de Inversión Extranjera y Director General de Estadística en el Instituto Nacional de Estadística, Geografía e Informática (INEGI). Desde el año 2001, es Fundador y Socio Director de Pretium SC, empresa de consultoría económica y estrategia. Como socio director de Pretium SC ha desarrollado actividades de análisis económico y de estrategias de cabildeo en materia de competencia económica, desarrollo y análisis de proyectos, así como relaciones gubernamentales de alto nivel a favor de los distintos clientes que esta firma consultora mantiene en su cartera. Ha impartido clases en programas de educación continua, licenciatura, maestría y doctorado en múltiples instituciones académicas de México y los Estados Unidos. Su participación docente le ha permitido transmitir sus conocimientos en las más renombradas y prestigiadas universidades en México como el ITAM, el Colegio de México, la Universidad Iberoamericana y la Universidad Anáhuac, así como en la Universidad de Texas en Austin en los Estados Unidos. A partir de septiembre de 2008 fue designado Director de la Escuela de Relaciones Internacionales de la Universidad Anáhuac, la cual cuenta con programas de licenciatura y de maestría en la materia.

MIRIAM HIREZI DE MELÉNDEZ: Licenciada en Economía de la Universidad Nacional Autónoma de Nicaragua. Master en Economía Empresarial en la Universidad Autónoma de Madrid, España. Diversos cursos de posgrado en descentralización, Gestión de Proyectos, Economía Agrícola, Gestión de Cuencas y Gestión Integrada de los recursos hídricos. Tiene veinte años de experiencia profesional como asesora de alto nivel de instituciones gubernamentales de El Salvador, así como directora de programas y proyectos públicos y de organismos internacionales sobre temas de descentralización y desarrollo municipal, desarrollo agrícola y no agrícola, gestión de cuencas hidrográficas, profesora de universidades de El Salvador y Nicaragua, entre otros

FRANCINE JÁCOME: Antropóloga graduada en la Universidad Central de Venezuela con estudios de postgrado en Ciencias Políticas de la misma universidad. Entre 1979 y 1982 dictó clases en la Escuela de Sociología de la Universidad del Zulia (Maracaibo, Venezuela) y entre 1986 y 1998 en la Escuela de Estudios Internacionales de la Universidad Central de Venezuela (Caracas, Venezuela).

A partir de 1986 es investigadora en el Instituto Venezolano de Estudios Sociales y Políticos (INVESP) y desde 2000 se desempeña como su Directora Ejecutiva. Actualmente está a cargo de los proyectos "Seguimiento del Plan de Acción de Québec: Venezuela", "Impactos de los cambios legales e institucionales sobre la sociedad civil en Venezuela" y "Democracia Activa-Red Ciudadana por el Cumplimiento Gubernamental de las Cumbres". Forma parte del equipo que dirige el proyecto "Reformas políticas y movimientos sociales en la región andina", auspiciado por IDRC. Es coordinadora para Venezuela del proyecto de la Friedrich Ebert Stiftung "Programa de Cooperación en Seguridad Regional" y forma parte del Equipo Hemisférico que lleva adelante el proyecto "Participación Ciudadana en el Proceso de Cumbres de las Américas". En los últimos dos años, cuenta con 6 publicaciones sobre los temas de seguridad regional, fuerzas armadas y seguridad en Venezuela así como sobre populismo en la región andina. Es autora de artículos publicados en revistas nacionales e internacionales así como de capítulos en volúmenes colectivos editados tanto en Venezuela como en el exterior.

LUIS MAIRA AGUIRRE: Cientista político, experto en Relaciones Internacionales. Estudió Derecho en la Universidad de Chile y realizó cursos de relaciones Internacionales en Gran Bretaña y México. Ha sido Presidente de la FECH (Federación de Estudiantes de Chile), en 1963-1964, tres veces Diputado al Congreso por Santiago, entre 1965 y 1973, recibiendo numerosas distinciones por su trabajo legislativo. Vivió en México como exiliado político entre 1974 y 1985. Fue Director del Instituto de Estudios de Estados Unidos en el CIDE (Centro de Investigaciones y Docencia Económica) y Profesor de la UNAM de México, de la Universidad Católica de Río de Janeiro y en las sedes de FLACSO en México y Buenos Ares. De regreso a Chile fue miembro del Comité Directivo del Comando Nacional por el NO en el Plebiscito de 1988, fue uno de los fundadores de la Concertación de Partidos Democráticos que dirige el país desde 1990, Secretario General del partido Socialista, en 1992, y Ministro de Planificación y Cooperación, entre marzo de 1994 y octubre de 1996. Ha publicado catorce libros y más de cien artículos sobre temas de política internacional y de la realidad chilena. Entre 1997 y 2003 fue embajador de Chile en México. A partir de junio de 2003 asume como Secretario de Relaciones Internacionales del Partido Socialista y profesionalmente como catedrático investigador asociado del Centro de Investigación y Docencia Económicas (CIDE) de México y como Coordinador de la Cooperación Internacional de los programas sociales y de pobreza del Estado de Chiapas. En el 2004 es designado embajador de Chile en Argentina. Actualmente se desempeña como investigador del CIDE.

SERGIO MOYA MENA: Candidato a Doctor en filosofía de la Universidad de Costa Rica. Es Master en Filosofía (UCR); Bachiller en Teología (Universidad Nacional, UNA); y licenciado en Relaciones Internacionales (UNA). Ha sido profesor e investigador de la Escuela de Ciencias Políticas de la Universidad de Costa Rica en las áreas de Pensamiento Político y Política Internacional. Ha sido también docente de la Universidad Latina y de la Universidad Internacional de las Américas, UIA, en donde fue Director de la Carrera de Relaciones Internacionales. En la actualidad labora en la Secretaría General de la Facultad Latinoamericana de Ciencias Sociales FLACSO, donde coordina el proyecto Enlace Académico Centroamericano. Además es consultor en temas de seguridad del Instituto de Estudios Estratégicos y Políticas Públicas, IEEPP. Se ha desempeñado como consultor en temas de seguridad ciudadana, migraciones, políticas municipales e integración regional en entidades como la Fundación del Servicio Exterior para la Paz y la Democracia FUNPADEM, Alto Comisionado de las Naciones Unidas para los Refugiados ACNUR, Estado de la Nación, Programa de las Naciones Unidas para el Desarrollo PNUD y la Fundación para el Desarrollo Local y el Fortalecimiento Municipal e Institucional de Centroamérica y el Caribe FUNDEMUCA, entre otras. En la función pública ha sido asesor parlamentario y asistente del Despacho del Presidente de la República.

MERCEDES PEÑAS DOMINGO: Directora Ejecutiva de la Fundación para el desarrollo local y el fortalecimiento municipal e institucional de Centroamérica y El Caribe (Fundación DEMUCA). Master en Relaciones Internacionales: Integración, Cooperación al desarrollo y Paz. Licenciada en Ciencias Políticas y Sociología, especialidad en Relaciones Internacionales y Estudios de América Latina. Es Miembro del Consejo Directivo de la Unión Iberoamericana de Municipalistas. Ha sido consultora internacional para el PNUD, la Fundación AMBIO / Rainforest Alliance; la Unión Internacional Conservación Naturaleza, UICN / UE. Asistente técnica de la Dirección de Relaciones Externas del Instituto Interamericano para la Cooperación en Agricultura. Ha sido asistente de investigación en la Universidad de Costa Rica y en la Universidad Complutense de Madrid. Ha publicado artículos relacionados con el fortalecimiento de los gobiernos locales, como "El Nuevo rol de los Ayuntamientos y las nuevas políticas locales: políticas sectoriales de promoción económica, la gestión ambiental y de género", I Conferencia sobre Desarrollo Local y Descentralización en Centroamérica (CONFEDELCA), COMURES / Alcaldía de San Salvador / FUNDE / FUNDAUNGO / Diputación de Barcelona, El Salvador, julio de 2002; *La Fundación DEMUCA como instrumento de fortalecimiento de la capacidad de gestión* *de los gobiernos locales. Capacitación y Asistencia Técnica Municipal,* Serie descentralización y Democracia FEMICA-UOP / OEA, San José, 2001; *La Sociedad civil y los procesos de Concertación en Centroamérica* (Editora), Programa de Naciones Unidas para el Desarrollo, San José, 1997; y, *Manual de Educación para la Paz* (Coautora), Universidad Nacional de Educación a Distancia (UNED) / Fundación Omar Dengo / Banco Interamericano de Desarrollo (BID), San José, 1995.

JOSÉ LUIS RHI-SAUSI: Es Director del CeSPI (Centro Studi di Politica Internazionale) de Roma, instituto donde desarrolla actividad de investigación desde 1991. En el Centro dirige los programas: "Integración Europea"; "Relaciones Unión Europea-América Latina y Caribe" y "Cooperación transfronteriza en América Latina". Representa al CeSPI en el Comité consultor de las Conferencias Italia-América Latina y Caribe promovidas por el Ministerio de Asuntos Exteriores de Italia. Fue asesor del Subsecretario de Estado para América Latina del Ministerio de Asuntos Exteriores de Italia, Donato Di Santo (2006-2008) y del Presidente del Consejo de Ministros de Italia, Massimo D'Alema, en ocasión de la Primera Cumbre Euro-Latinoamericana (1999). Su más reciente publicación es *Hub globale, trincea o pantano? Il futuro del Mediterraneo e il ruolo dell'Europa* (editado con Roberto Gualtieri), Rapporto, 2010, sull'Integrazione Europea, Fondazione Istituto Gramsci-CeSPI, Ed. il Mulino, Bologna, 2010.

JUAN PABLO RODRÍGUEZ GOMEZ: colombiano. Economista y politólogo de la Universidad de los Andes en Bogotá. Maestro en Ciencias Sociales de la Facultad Latinoamericana de Ciencias Sociales FLACSO Sede México. Se ha desempeñado como profesor universitario en las Universidades de los Andes y Javeriana en

Colombia e investigador del Instituto de Estudios Políticos de la Universidad Nacional de Colombia. Ha desempeñado varios cargos en el Ministerio de Relaciones Exteriores de Colombia como Director General para América y Ministro Plenipotenciario de la Embajada de Colombia en Venezuela, relacionados con negociaciones comerciales, integración regional y desarrollo fronterizo. Actualmente es Asesor de la Presidencia Ejecutiva para la Integración de América Latina de la Corporación Andina de Fomento.

FRANCISCO ROJAS ARAVENA: Secretario General de FLACSO. Doctor en Ciencias Políticas, Universidad de Utrecht, Holanda. Master en Ciencias Políticas, FLACSO. Especialista en Relaciones Internacionales y Seguridad Internacional. Secretario General de FLACSO, (2004-a la fecha). Director de FLACSO-Chile (1996-2004). Fue profesor en la Escuela de Relaciones Internacionales de la Universidad Nacional de Costa Rica (UNA). Fue profesor de la Universidad de Stanford en su campus de Santiago, Chile. Profesor invitado del Instituto de Estudios Internacionales de la Universidad de Chile y la Academia Diplomática "Andrés Bello", Chile. Como profesor Fulbright se desempeñó en el Latin American and Caribbean Center (LACC) en la Florida International University, Miami, Estados Unidos. Forma parte del Consejo Consultivo para América Latina del Open Society Institute (OSI) y de la Junta Directiva de la Fundación Equitas, en Chile. Ha efectuado trabajos de asesoría y consultoría para diversos organismos internacionales y gobiernos de la región. Es miembro de la Junta Directiva de Foreign Affairs en español, México, y de Pensamiento Iberoamericano, España. Autor y editor de más de medio centenar de libros. Sus últimos libros son: *Crisis Financiera. Construyendo una respuesta Política Latinoamericana. V Informe del Secretario General de FLACSO,* FLACSO Secretaria General, San José, Costa Rica,

2009; *América Latina y el Caribe: ¿fragmentación o convergencia? Experiencias recientes de la integración* (coeditor con Josette Altmann), FLACSO-Ecuador, Ministerio de Cultura, Fundación Carolina, Quito, 2008; y, *Crimen Organizado en América Latina y el Caribe* (coeditor con Luis Guillermo Solís), Editorial Catalonia / FLACSO, Santiago. 2008. Sus artículos han sido publicados en revistas profesionales, científicas y académicas en diferentes países del mundo.

CARLOS TORRES JIMÉNEZ: Bachiller en Ciencias Políticas de la Universidad de Costa Rica y en Relaciones Internacionales de la Universidad Nacional. Posee una Maestría en Relaciones Internacionales con énfasis en Seguridad de la Universidad de Syracuse (Nueva York). Becario Fulbright por Costa Rica entre el 2006-2007. Desde el año 2002, el señor Torres trabaja en la Fundación para la Paz y la Democracia (FUNPADEM). Fue asistente técnico del componente de difusión del Proyecto "Cumple y Gana: Fortalecimiento de los Derechos Laborales en Centroamérica, Panamá y República Dominicana" financiado por el Departamento de Trabajo de los Estados Unidos (2003-2006). En el 2007, trabajó en la división de América Latina del Instituto Republicano Internacional (IRI) en Washington DC. El Señor Torres sigue temas de seguridad, integración, fronteras, Derechos Laborales y política exterior en FUNPADEM. Ha recibido cursos en seguridad en universidades de Israel, Estados Unidos y el Reino Unido. Ha publicado en el tema de seguridad para la Coordinadora Regional de Investigaciones Económicas y Sociales (CRIES) y el IDRC, así como en integración para el Programa del Estado de la Región. Actualmente se desempeña como Gerente de Proyectos de la Fundación para la Paz y la Democracia (FUNPADEM).